Colônia Esperança

Annegret Bodemer

Colonia Esperança

Gunther relata sobre
sua vida após a morte

Die Deutsche Nationalbibliothek verzeichnet diese Publikation in der Deutschen Nationalbibliografie; detaillierte bibliografische Daten sind im Internet über
http://dnb.dnb.de abrufbar.
© 2015Annegret Bodemer
Herstellung und Verlag: BoD – Books on Demand, Norderstedt
ISBN: 978-3-738618853

Quanto mais aprendo sobre a Criação Divina, sua ordem e seus princípios, tanto mais reconheço o sentido e o porquê da minha vida terrena. E por isso sou grata à minha mãe que me presentou com a vida, assim como aos meus filhos, que a tornam valiosa e principalmente aos meus amigos encarnados e desencarnados, que me ajudam a tranformar compreensão em atitude.

Inhaltsverzeichnis

Prólogo

A.: Eu preciso me acostumar com a forma como você me transmite os seus pensamentos. Além disso, o nosso idioma é diferente. Eu me esforço para te entender; no entanto peço a você para me interromper e repetir a mensagem, caso eu não a tenha recebido de forma correta. Da minha parte, estou totalmente tranquila. A agitação dos últimos dias pensando se sou a pessoa adequada para esse trabalho, passou. Me coloco à disposição dessa tarefa com alegria e serenidade. O que você tem a dizer a respeito?

G.: Os preparativos para esse projeto me custaram muito esforço. Por um lado, tive muito que aprender. Tive que aprender a ficar satifeito comigo mesmo, com a nova forma de vida, com o novo ambiente e principalmente, nos últimos tempos, tive que aprender a organizar meus pensamentos e a transmitir. Você sabe, eu nunca fui muito de escrever, uma vez que na Terra nem mesmo frequentei direito uma escola. Por isso, tive que treinar muito para organizar meus pensamentos e passo-a-passo trasmití-los a você. Treinei intensamente pois meu maior desejo era o de transmitir à minha família minhas impressões e novas experiências. Para isso tive que trabalhar muito.

A.: Como devo chamá-lo?

G.: Gunther. Meu pai me chamava assim; o único da família. Os outros me chamavam pelo meu segundo nome.

A.: Preciso atentar para alguma coisa em especial?

G.: Não.

A.: Da minha parte podemos começar. Você quer me dizer mais alguma coisa antes de começarmos?

G.: Sim. Eu gostaria de lhe agradecer por sua colaboração para a realização deste trabalho. Foi-me dito que a princípio você não estava de acordo. Medos tornam nossa vida difícil, não importa em que mundo os sentimos. Trazemos esses medos conosco para o mundo espiritual; eles permanecem presentes por um bom tempo, até conseguirmos encará-los e reconhecer a razão pela qual eles nos torturam. No teu caso, com relação a esse projeto e frequentemente na tua vida, é o medo da rejeição. Mas fique tranquila, independentemente da reação das pessoas que irão ler esse trabalho, nós dois recebemos a Graça Divina de eliminar as desarmonias em nossas vidas e a perdoar. Além disso, me foi permitido dar, aos meus familiares e a todos que queiram, uma pequena amostra de como é a vida do outro lado.

G.: Eu gostaria de acrescentar, que o meu desejo era o de transmitir diretamente à minha família essa narração. No entanto, tive que aceitar o fato disso não ser possível. Meus familiares tiveram sonhos maravilhosos com as paisagens que eu transmitia desse mundo. Porém, iniciado um novo dia, tudo era esquecido. Por isso foi necessário procurar uma outra possibilidade. Além de você, não havia ninguém em nossa família que poderia receber minha transmissão.

A.: Tudo bem. Fico feliz por mais essa experiência e aquilo que você irá contar. Como você sabe, sempre gostei de viajar. Novos países, novos usos e costumes sempre me fascinaram. Agora tenho a oportunidade de conhecer o teu mundo. Comecemos...

Leverkusen, 27.07.2014

11

O despertar

G.: Os olhos não queriam abrir. Eu me esforçava, mas eles fechavam novamente. Você conhece a sensação quando uma luz intensa te ofusca ou quando você quer acordar e os olhos não querem abrir. Justamente isso estava acontecendo. Eu estava acordando, mas os olhos queriam dormir. Alguém tentava me acalmar:

"Fique tranquilo...", ouvia uma voz suave dizer. "Vou tentar escurecer o quarto, para que fique mais fácil" acrescentou e se afastou.

Não demorou muito, a luz ficou agradável e eu pude relaxar.

"Tente mais uma vez abrir os olhos", falava a voz que eu não conseguia identificar se era de homem ou de mulher.

Aos poucos percebi que as minhas pálpebras se moviam, abrindo-se um pouco. Pela fenda via tudo difuso, esfumaçado, porém reconhecia que outras pessoas estavam presentes. Alguns contornos se moviam, outros ficavam parados.

"Não se apresse", recomendava a voz ao meu lado. "Estamos muito contentes por ver que você está bem. O despertar é uma pequena barreira a ser transposta. Mas eu te asseguro que ninguém permaneceu no sono."

Ele ou ela levantou a cabeceira, colocou-me meio sentado na cama, deu-me de beber, encorajando-me a finalmente abrir os olhos.

"Olhe para baixo ou vire a cabeça para ao lado. Assim fica mais agradável para os olhos, pois a luz não é direta. Tente...Se não for possível, tentaremos amanhã novamente."

Deixei minha cabeça cair sobre meu peito e olhei para a coberta. Realmente, assim foi mais fácil. Os olhos se abriam cada vez mais. Isso me custou muito esforço, mas eu podia ver o lençól branco que me cobria; depois as grades da cama, o contorno de meus pés que se moldavam debaixo do lençól, o desconhecido que se encontrava nos pés da cama. Finalmente movi minha cabeça para o lado e olhei nos olhos da voz. A voz pertencia a uma jovem mulher. Um hábito leve, que mudava de cor dependendo da luz e que a cada movimento mais parecia o bater das asas de uma borboleta, cobria seu corpo. Nunca antes havia visto ou pelo menos não me lembrava de haver visto algo parecido.

"Interessante", pensei.

Sentia a cabeça pesada, que me doía a cada pensamento.

"Sente-se melhor?, perguntou a jovem. "Vejo que você conseguiu abrir os olhos totalmente", acrescentou.

"Onde estou?"

"Você se encontra na Ala do Despertar[1]", respondeu e pegou um pequeno frasco que estava na mesa de cabeceira. "Vou aplicar essa pomada, assim a visão ficará mais clara e as dores diminuirão. O efeito pode demorar um pouco, mas também pode ser rápido. Cada pessoa reage diferente. O importante é que você fique calmo e relaxe; tome o tempo necessário para despertar. O despertar é uma grande barreira para os recém chegados. Mas uma coisa vou-te revelar: Todos passam por isso! Aliás, sou irmã Lisa.

Ela olhava para mim e sorria. Seu rosto emitia tanta paz e confiança, que não pude senão aceitar os seus conselhos. Voltei a me deitar e tentei pensar no que se passava, mas minha cabeça estava totalmente vazia. Nela nada encontrei; de nada me

---

1 Ala do Despertar = Posto ou enfermaria para onde são levados os recém desencarnados

lembrava. Além do vazio, nada havia. Envolvido no perfume agradável do meu travesseiro, voltei a dormir.

Dois dias depois pude abrir meus olhos sem problemas. Já me acostumara à luz, podia sentar-me na cama com facilidade e me alimentar. De manhã eu comia uma espécie de purê, no almoço tomava sopa e no jantar novamente purê. Havia sempre uma garrafa de água na mesa de cabeceira. Eu podia tomar água tanto quanto queria e a cada gole sentia como meu corpo se refazia. Na primeira vez que tentei deixar a cama, meus joelhos dobraram e quase caí. Sorte minha que um enfermeiro estava por perto.

"Ainda é muito cedo para deixar a cama", disse ele, colocando-me de volta. "Tenha um pouco de paciência. A partir de amanhã treinaremos. Nesta ala, primeiro você desperta, depois você inicia com a alimentação e por último, você treina para sair da cama. O que vem a partir daí, dependerá de você. "

O enfermeiro era alto e forte, assim como imaginamos um fisioterapeuta bem treinado. Marcamos o treino para diariamente pela manhã, ou seja, entre o café da manhã e o almoço. E assim se sucedeu. Geralmente ele vinha no mesmo horário. Primeiro, ele colocava as suas grandes maós sobre meu rosto, sem me tocar. No entanto, eu podia sentir o calor que entrava pelos meus olhos e se espalhava pelo interior de meu corpo. No início era uma sensação desagradável, estranha. Com o tempo, fui-me acostumando e por fim gostava tanto, que não queria que o tratamento terminasse. Depois disso, o terapeuta movia minhas pernas e braços, massageava minha cabeça e nuca. O tratamento era finalizado com a aplicação de um bastão de luz que variava entre roxo e verde, dependendo qual parte do meu corpo estava sendo tratada, no entanto sem tocá-lo. O terapeuta era homem de poucas palavras; sempre muito concentrado em seu trabalho. Ao término deste, colova as suas mãos sobre seu próprio peito, fechava os olhos, pedia que eu fizesse o mesmo, e caía num profundo transe, numa profunda paz. Tempos depois eu descobri que neste transe ele fazia uma prece de agradecimento a todos aqueles que o auxiliavam neste trabalho. Após o tratamento eu me sentia livre e leve. Nada doía, sentia-me bem e nada me preocupava. Tudo estava bem, e eu me sentia parte desta estrutura, deste todo.

Passados uns dias, conseguia colocar meus pés no chão e ficar em pé. Os joelhos não mais perdiam a força, e, em pouco tempo, pude dar os primeiros passos. A princípio com a ajuda do enfermeiro, depois sozinho me segurando na cama, até que um dia, me enchendo de coragem, dei os meus primeiros passos até a janela. Irmã Lisa passou a me visitar somente uma vez por dia e não escondia sua alegria ao ver meu progresso.

"Logo você deixará esta ala. Fico muito feliz em ver que você está bem, superando tudo muito rapidamente. Nós sabemos como os primeiros tempos aqui são difíceis..."

"Agora que me acostumei à luz, aos enfermeiros e a você, devo partir?", perguntei.

"Sim! Esta é a vida. Passamos por muitas etapas, precisamos superar barreiras e medos para, algum dia, despertarmos na luz. E principalmente este último é o empreendimento mais difícil que a vida exige de nós. Nossos pacientes encontram-se em estado de choque quando chegam aqui; no entanto, a limitação, a ignorância, a falta de confiança dificultam nosso trabalho e consequentemente a convalescência. Perdemos um tempo precioso até que um enfermo, ou melhor, seu corpo se acalme, de forma a aceitar nossa ajuda e medicação. Neste sentido, esperamos que haja uma transformação, pois somos gratos por aqueles que conseguem superar este estado mais facilmente", respondeu Lisa emocionada.

Ela fez um gesto como querendo apagar os pensamentos da mente e acrescentou:

"Você entenderá muito em breve, como esta vida é maravilhosa; como é maravilhoso estar aqui...Me alegro a cada vez que um paciente deixa esta ala. Assim também por você. E... eu vim para te dizer que você nos deixará já amanhã. "

Dirigindo-se à porta, Lisa fez um gesto de despedida, deixando o quarto sem olhar para trás.

A chegada

A.: Entendo perfeitamente a tristeza da Irmã Lisa, fazendo de tudo para ajudar os recém-chegados, que relutam em aceitar a verdade, tornando o despertar mais difícil. O que aconteceu quando você tomou consciência de que estava vivendo numa outra esfera?

G.: Medos foram meus companheiros durante toda minha vida. Quando minha mãe falesceu – sua bisavó – eu estava com dezessete anos e era o filho homem mais velho. O peso da responsabilidade sobre meus ombros era maior do que aquele que eu podia carregar. Ele me esmagava. Ninguém sabia o que se passava comigo; cada um dos irmãos estava ocupado consigo mesmo, na tentativa de vencer seus próprios medos. Mas isso reconheço somente hoje; somente desde que estou aqui e tenho a possibilidade de encarar tudo sem o envolvimento de emoções e a participação da razão.

Ninguém podia imaginar os medos que me afligiam: nem como criança fugitiva, nem quando meu pai não retornou da guerra, nem ao entramos naquele navio, que nos levava a um mundo desconhecido e com isso a uma vida incerta, e muito menos ao chegamos na Terra desconhecida. Quando o grande acidente paralisou minha irmã – sua mãe – paralisou toda a família. Tentávamos aceitar a vida da forma como ela era, sem participarmos dela ativamente. O medo nos paralisava. E quando minha mãe falesceu, também naquele momento eu era dominado pelo medo. Não por ela deixar o manto material, mas sim, por ela deixar uma reca de almas medrosas atrás de si, principalmente a netinha – você.

A tristeza que me comove neste momento, é aquela que nasce no reconhecimento de que o ser humano é como um pedaço de madeira à deriva. As características do rio é que determinam seu caminho e suas chances de sobrevivência. Sem apoio, nos deixamos levar pela correnteza do rio da vida, na esperança de que tudo se resolva. Esses meus medos nunca diminuiram. Pelo contrário, aumentaram com o tempo, encontraram na minha mente – aquela que toma o comando quando as carências da alma² são oprimidas – terreno fértil e se desenvolveram suntuosamente.

Esta narrativa é uma grande benção, concedida por Deus através do amor de seus auxiliares. Agora tenho a possibilidade de pedir perdão a todos aqueles que eu ofendi, que eu machuquei, que causei dor e desespero. Nada pode justificar meu comportamento.

Os medos fizeram de mim um desassossegado, um fugitivo, um perseguido como aquele da minha infância, no entanto mais forte, mais convencido, mais adulto. Quando criança eram os medos da perda que tinham o comando sobre mim; na vida adulta, o medo de fracassar; como homem idoso ambos, acrescentados de mais aqueles que minha mente de tempo em tempo criava. Permaneci o fugitivo da infância...Busquei refugio no casamento, na paternidade de muitos filhos; fugi da cidade grande e de mim mesmo. Em tudo encontrei sempre algo que me deu coragem de viver, porém não o definitivo. Busquei refúgio também na religião, na crença. Ali encontrei apoio. As regras me deram uma direção, aumentando e fortalescendo minha confiança. Finalmente encontrei o que procurava. Encontrei algo que me

---

2 Alma = espírito encarnado

ditava como deveria pensar e me comportar; algo que me mostrava o certo e o errado.

O mundo é uma obra demoníaca! Esta foi a minha primeira lição. Mulheres com seus atrativos levam os homens a terem pensamentos imorais; a mídia como radio, televisão, revistas obrigram as pessoas a se apaixonarem por tudo aquilo que é pecado; pessoas com um estilo de vida progressivo são perigosas...

A fé na minha religião me deu força. Eu precisava, eu queria proteger minha família do pecado mortal. Assim, tornei-me mais severo, determinante, colérico à menor resitência.

Me entristece ver como as pessoas sem apoio se deixam manipular, se agarram ao primeiro galho que encontram sem tomar conhecimento da floresta que está à sua frente. Envolvido nas minhas complicações não percebi que haviam outras coisas além do galho em que eu me segurava.

A.: Quando você reconheceu o que está relatando?

G.: Um bom tempo depois deixar meu corpo material.

A.: Você gostaria de contar o que aconteceu durante esse tempo?

G.: A lembrança do acidente se limita a uma sensação de torpor. À minha volta tudo tornou-se nebuloso, meio apagado, estranho. Eu me sentia como num filme preto-e-branco em câmara lenta. As vozes eram distorcidas; não conseguia entender nada. Então adormeci... Adormeci e sonhei. Sonhei com a minha infância; com o meu lar e a vida com os irmãos; como brincávamos e fazíamos arte; como ríamos; eu sonhei com a longa viagem de navio da Alemanha para o Brasil e como eu imaginava o novo país onde iria viver. Por vêzes não sonhava nada e me encontrava num lugar desconhecido, só e solitário. Numa planície extensa, sem nehnuma árvore, sem nenhuma montanha, sem animais e sem gente. Somente eu me encontrava alí, neste deserto de terra vermelha.

Não era dia, nem noite. Uma luz meio difusa, como no alvorecer, cobria a planície, porém o sol não aparecia nunca. Eu canhinhava até não poder mais. Minha cabeça doía e minhas pernas não conseguiam dar mais um passo sequer. Daí eu me deitei e adormeci. Adormeci e sonhei. Sonhei no sonho. Neste torpor pensava muito na minha família. Onde ela estava? Por que não estava comigo? Me sentia aprisionado, sem liberdade nesta enorme planície. Eu me lembrei dos dias em que, com mulher e filhos íamos à igreja atender ao culto divino; das pessoas que lá encontrava e como as cumprimentava. Nós nos tratávamos por *irmão* e *irmã*; lá eu me sentia fazendo parte de uma grande família. Neles eu pensei; neles e nos meus passos, cheio de orgulho com a bíblia embaixo do braço, caminhando em direção à casa de Deus; e me lembrei do sentimento que envolvia a cada passo.

A.: Você tem sentimento de culpa?

G.: O que significa culpa? Pode um leão ser julgado por matar a sua presa? Ele é o causador da sua morte, mas deve ser culpado por isso? Culpa é um débito; a quem ou a que ele deve algo? Ele precisa caçar, matar e devorar para que seus descentendes possam sobreviver. Ele não conhece outra coisa. Pode uma pessoa ser considerada culpada por um ato feito com absoluta convicção de que este é correto?

Se, quando em meu corpo material, eu tivesse a conscientização que tenho hoje, teria agido de forma diferente. No entanto, sinto-me entristecido por reconhecer as consequências de minhas ações; consequências estas sofridas por mim mesmo, pelas pessoas à minha volta e por meus familiares. Sou muito agradecido à benção divina que é relegada a todos os seres humanos; à benção da conscientização, do perdão e do progresso.

A.: Você contou que adormeceu e quando acordou, encontrava-se na Ala do Despertar. Como você chegou lá?

G.: Um belo dia pensei ouvir a voz de meu pai. Olhei ao redor e não vi ninguém. Nada havia mudado. Ouvi a voz mais uma vez. Saí correndo sem rumo gritando: "Pai, onde você está?", e de repente eu virei novamente o pequeno menino que amava seu pai e sentia tremendamente sua falta. Entre as lágrimas que corriam sobre meu rosto percebi uma voz dentro do meu cérebro, que me repreendia gravemente: "Páre de chorar, menino! Escute-me!".

Segurei minha cabeça com as duas mãos, como se quisesse prender a voz alí dentro para nunca mais sair. "Fique calmo. Amigos meus virão te buscar. Você verá um raio de luz; siga em sua direção e não olhe para trás. Siga sempre em direção da luz. Mesmo você não podendo me ver, você deve sentir que estou segurando sua mão. Seja um bom menino... Sente minha mão segurando a sua?"

"Sim, pai", disse o pequeno menino amedrontado, sentindo as lágrimas que corriam pelo seu rosto.

Apertei fortemente a mão de meu pai e caminhei ao encontro da luz. Eu, seu primogênito e todo seu orgulho.

A.: Você sabe por que não podia vê-lo?

G.: Algum tempo depois questionei meu acompanhante protetor[3] a cerca disso, e ele me respondeu, que meu pai estava se preparando para iniciar uma nova vida na Terra, e por isso não podia se materializar. Por outro lado, sua presença me confundiria muito mais, que somente sua voz. Sua voz ouvi muitas vezes durante toda minha vida, porém inconscientemente. As pessoas ouvem as mensagens de seus entes falescidos e pensam que foi apenas imaginação. Elas não confiam em si próprias, não confiam nas próprias experiências e dizem confiar em Deus. Um grande engano!

A.: O que aconteceu quando você seguiu o raio de luz?

G.: Eu, no corpo de um pequeno menino, segurando firme a mão que me conduzia, caminhei em direção à luz. A luz era como um raio de sol que entra num quarto escuro, através de um pequeno orifício. Na escuridão vemos somente o raio desenhando uma espécie de caminho e na fenda por onde entra, a luz é tão brilhante que não podemos olhar diretamente para ela.

Quanto mais me aproximava deste ponto, mais confiante ficava, mais alegre e calmo. Neste

---

3 Protetor = mestre, treinador designado a acompanhar os espíritos desencarnados durante a fase de aclimatização na nova esféra de vida.

momente eu sabia que tudo ficaria bem e que eu não mais precisava sentir medo.

A.: Você pode descrever essa luz?

G.: Quando atingi o ponto mais claro, encontrei-me no vazio. Não posso descrever de outra forma. Eu me encontrava no vácuo, flutuando em meio da luz numa temperatura muito agradável. Nada me ofuscava; meus olhos não precisaram se acostumar com luz e sombra, pois tudo era luz. Me sentia aconchegado dentro de uma bolha ou balão de luz, ou melhor, num útero de luz.

A.: Neste momente preciso te interromper. Estou admirada com a sua forma de expressão. Conheci você como um homem mais rude, não romântico ou poético. Não me lembro de tê-lo visto lendo um livro, a não ser às vezes que te surpreendi com um gibi. Todas as vezes que você nos visitava e uma dessas historinhas caía na sua mão, você não a largava mais. Era engraçado ver você rindo sozinho. Escondida te observava e ria. Essas ocasiões foram as poucas oportunidades em que você mostrava o seu verdadeiro ser. Enfim, como você chegou a se expressar dessa forma?

G.: Aqui nós aprendemos muito. Quando largamos a casca rude da matéria e apredemos, nos conscientizamos e colocamos em prática o aprendido, nos transformamos em seres leves, finos, sensíveis e cheios de amor. Com isso se transforma também nossa forma de expressão.

A tranformação ocorre a partir da camada externa em direção ao núcleo interior. Internamente somos sêres divinos; externamente temos muitas cascas, como as de uma cebola. Em algumas pessoas o núcleo é tão pequenino, como a mais pequena unidade que o ser humano conhece; em outras, ele é do tamanho de um átomo e já em outras, microscópico, etc. Quanto mais camadas forem retiradas, tanto maior e mais luminoso se torna o núcleo. Desta forma, as qualidades divinas de cada um vão se tornando visíveis. Assim ocorre com a forma de expressão. Nossa linguagem se adapta mais facilmente às diferente situações. Quando converso com Jorge me expresso de uma forma diferente desta, para que ele possa me entender.

A.: Grata pela explicação. Você estava relando sobre o útero de luz. O que aconteceu depois?

G.: Eu perdi totalmente o contato com o mundo externo. Encontrava-me num ambiente muito agradável. Não sentia nada, não pensava em nada. Eu flutuava e sentia-me bem, como um astronauta fora da gravitação.

Depois de um tempo percebi que o ambiente se tranformava, ou que eu me tranformava. O balão de luz, onde me encontrava, ficou mais apertado. De quando em quando percebia sombras e vozes dentro da minha cabeça, que me animavam a ter coragem. Algumas vezes uma forte energia penetrava no balão de luz e me cobria como uma segunda pele. Este estado durou algum tempo, até que um dia ouvi uma voz dizer:

"Abra os olhos... mas, devagarzinho".

O Domicílio

A.: Estou vendo você sentado num terraço; uma espécie de pérgola coberta por uma planta: As flores são bicolores: umas têm as pétalas amarelas com o miolo lilás, as outras, pétalas lilás e o miolo amarelo. Aquilo que posso ver do terraço está pintado de branco. O material se parece com madeira. Você gostaria de descrever este lugar?

G.: Esta é uma parte do Domicílio. Sempre gostei de ficar no terraço. Alí tive tempo para me refazer da minha viagem para este mundo, para pensar e refletir sobre mim e sobre aquilo que na Terra chamamos de vida.

Fui transferido ao Domicílio quando deixei a Ala do Despertar. A enfermeira, irmã Lisa, me acompanhou até lá, me mostrou e explicou tudo. Na Terra chamaríamos esse lugar de *unidade de reabilitação*[4]; na Colônia Esperança chamamos de

---

4 Unidade de Reabilitação é como um pequeno condomínio com diversos prédios e apartamentos.

unidade de aclimatização. Aqui, tem-se um pequeno apartamento, simples, de apenas um quarto, porém aconchegante. Não há janelas, porém uma porta que leva ao terraço. Os moradores têm o dia totalmente planejado. Todos tomam as refeições no restaurante. A comunicação entre os moradores é um aspecto importante e aqui se dá muito valor a isso. Cada novo morador do Domicílio é apresentado e integrado em um grupo, ou seja, um grupo se dispõe livremente para integrar e ajudar o novo morador no que for necessário.

Não nos sentimos um estranho por muito tempo, pois uma espécie de simbiose entra em ação: eu penso o que você pensa; eu sinto o que você sente. O entendimento entre os moradores é tão grande que até parece que o grupo é um todo, uma coisa única.

(Pausa)

Estou pensando como seria bom se tivéssemos atingido este nível na Terra.

Em todos os apartamentos encontramos livros, material para escrever e desenhar ou pintar e jogos que para nos ocuparmos nas horas livres. O grupo se encontra regularmente. Trocamos idéias, jogamos ou lemos textos que são discutidos em conjunto. Cada um de nós cresce e se desenvolve também pelas experiências dos outros. Eu aprendi não somente a dar ajuda como também a recebe-la, ou melhor, a pedi-la. Esta última é a mais difícil.

No início, ficava quieto no meu canto observando os outros. Tinha a sensação de não poder contribuir com nada, uma vez que, tudo o que eu me lembrava da minha vida terrena não tinha valor ou era envergonhante. Porém, quando ouvi as histórias dos outros, reconheci que a minha não era muito diferente. Nossas experiências eram muito parecidas. A vantagem dos outros sobre mim era que eles já moravam no Domicílio há muito mais tempo que eu. Logo nos tornamos amigos.

Por não saber o que fazer no meu tempo livre, fiquei muito contente em saber que o meu dia seria totalmente organizado. Desta feita, diariamente após a primeira refeição, recebia a visita de Rique. Na verdade ele se chama Henrique e é meu acompanhante protetor – irmão encarregado da minha aclimatização. Ele é muito simpático. Mas, o que eu estou dizendo... todos aqui são simpáticos e gentis. No entanto, cada um tem sua preferência e se liga mais a este do àquele.

Rique me contou, ser ele, quem me buscou no final do raio de luz, e que, a partir daquele momento, é meu acompanhante protetor, mesmo eu não tendo consciência disto. Ele me conhece bem; conhece minha vida, minha tristeza, meus altos e baixos. Muitas vezes não conversávamos e mesmo assim havia um diálogo entre nós. Ele me encorajava a me abrir aos outros, e quando eu me sentia oprimido, falava ele sobre a minha família terrena. Eu sentia a tristeza e a dor dos meus familiares, mas não conseguia ajudá-los. Na verdade, o que me aliviava era a alegria de estar vivendo em um lugar maravilhoso como este. Que discrepância...

Certo dia perguntei a Rique, se eu não poderia falar com minha família. Queria dizer a eles que continuo a viver, e que eles deixem de estar tristes e desesperados, uma vez que estou bem.

"A dualidade não termina na Terra", explicou-me ele.

"Nós ainda nos encontramos no campo energético da Terra, a chamada áura terrestre, com todas as suas características. Da mesma forma que um ser tem diversas camadas energéticas em volta de seu núcleo, assim também o planeta onde ele vive. Aqui na Colônia, temos todas as características da Terra, somente numa forma mais leve, enfraquecida. A diferença está na camada onde nos encontramos. Quanto mais desenvolvida, tanto mais luminosa, leve e etérea.

Na Terra, o limite entre o escuro e o claro é duro, marcante; aqui, ele é suave como as cores de um arcoíris, onde não há limite determinado entre uma cor e outra. Aqui, a noite não é tão escura, mas o dia é luminoso, porém não ofuscante. Vemos a lua e as estrelas, porém nunca o sol."

„Por que podemos ver a lua e as estrelas e não vemos o sol?", perguntei.

"Para que entremos em contato com nossos irmãos e irmãs moradores em outros mundos".

"E como isso acontece?"

"Através da força do pensamento. A energia do pensamento é uma parte da energia que forma o universo. Sempre que alguém olha para o céu, admira sua beleza e sua imensidão, ele envia energia formadora positiva, que se une a outros pensamentos bons, gerando transformação em algum lugar.

Fique certo de que, olhar para uma estrela, se conscientizar de sua existência já é uma enorme ação. As pessoas na Terra não estão isoladas. Todo o universo está unido pela mesma força – assim como os sêres marinhos estão unidos pela água. Eles vivem na energia da água, da mesma forma que os sêres terrestres vivem na energia do oxigênio, do ar. Parece complicado, mas é fácil; basta pensarmos em água ao invés de ar, pois água é visível.

Porém, não sabemos como os morados das águas sentem o seu ambiente. E uma vez que os humanos se acostumaram com o ar, pensam não poder viver na água, mesmo ela tendo oxigênio em sua formação. Isso também acontece com o espírito e a matéria. Tudo é uma questão de aclimatização. Uns demoram mais, outros menos para se acostumar ao nosso ambiente."

Caminhávamos lado a lado pelo parque. Reconheci quanto ainda tinha que aprender, e que isso não aconteceria de hoje para amanhã.

A.: Você teve oportunidade de entrar em contato com sua família terrestre?

G.: Rique me disse para eu me sentar no terraço, relaxar e pensar na minha família. Como em uma meditação deveria me libertar dos pensamentos e me concetrar nas imagens que se formam.

No início via somente umas sombras, mas com treino, elas se tornaram visíveis. Não sentia somente a sua tristeza, eu a via. E lhes dizia:

"Escutem, estou bem! Eu vivo! Não fiquem tristes". Porém, eles pensavam estar sonhando ou imaginando coisas. O único que me escutava e reconhecia minha voz era Jorge. E a ele eu disse:

"Jorge, diga aos outros que continuo vivendo em um mundo maravilhoso e que estou bem".

Quando Jorge levou a mensagem aos outros, eles ficaram admirados e cada qual acreditou nela, da sua forma. Isto me ajudou muito, tornando-me livre para a nova etapa de vida.

Conversas como esta também fazem parte dos encontros no Domicílio. Assim, com amor e cautela somos levados a nos acostumar ao novo ambiente. A compreensão é o caminho; a meta é colocá-la em prática. Progredimos através das experiências que fazemos colocando nossos talentos em prática. Através de experiências alheias, aumentamos simplesmente nossos conhecimentos.Uma parte destas experiências alheias aceitamos como próprias, quando reconhecemos que são válidas para nós, pois nos encontramos numa situação idêntica.

O saber em si não nos leva a nada. É preciso agir; é preciso tranformar saber em ato para que haja transformação; para que haja mudança em nossas vidas.

O Domicílio é um lugar onde começamos a nos aproximar de nosso núcleo. A cada vez que me olho no espelho, percebo uma pequena mudança.

Ele me mostra quem eu sou e não quem eu quero ou penso ser.

Na primeira vez que fui levado a me olhar no espelho, vi uma figura triste. Mesmo me sentindo muito bem, eu pude ver que o meu *eu* real ainda tinha muito a reconhecer, aceitar e agir. A cada dia que passava, havia uma pequena mudança. Hoje olho com prazer no espelho, pois o meu *eu externo* e o meu *eu interno* estão equilibrados.

Aqui aprendi a ser o que sou. E aquilo que sou, mostro com dignidade. Não importa se sou pequeno, grande, escuro ou claro; não importa se sou gordo ou magro, homem ou mulher. O que importa, é a luz que irradio. Os Novos[5] não irradiam nenhuma ou somente pouca luz. É por aí que vemos quem precisa de nosso auxílio. Aqueles que nos repélem, são aqueles que mais precisam de nós, ou melhor de nossa luz.

A.: Quanto tempo você ficou no Domicílio?

G.: O tempo, como ele é conhecido na Terra, é uma unidade válida somente para a Terra. Aqui o tempo não tem importância. Desta forma, não posso me expressar em meses, anos ou horas. Perdi a noção do tempo.

---

5 Novos – espíritos desencados que chegaram recentemente

Aqui comecei a ler e, algumas vezes, peguei um pincél e tentei pintar. Eu apreciava os encontros com o grupo, os diálogos com Rique e sentia como me transformava. Não precisava mais de alimentos fortes; gostava mais de alimentos leves e por fim só me alimentava de frutas e verduras.

Nós é que decidimos nos despojar completamente do manto rude que ainda nos envolve, quando nos sentimos suficientemente fortes para isso, uma vez que trazemos conosco todos os sentimentos, dores, necessidades e caráter. Somente devagarzinho nos sentimos capazes de nos desfazermos deles. As dores são as primeiras, uma vez que elas estão presas no corpo espiritual. Na verdade, aprendemos a soltá-las.

Quando eu me senti integrado e aceito, disse a Rique que gostaria de tabalhar. Queria aplicar e distribuir a nova força que se desenvolvia em mim. Assim passei a fazer pequenas tarefas no Refeitório.

A.: Me explique a alimentação. Os alimentos são como na Terra? São cozidos? Se planta e colhe frutas e verduras?

G.: Frutas e verdutas têm uma estrutura material, como tudo que se vê aqui. Assim também a grama, as árvores, as casas, as ruas. Essas estruturas não podem ser comparadas com as estruturas

39

grosseiras da Terra, uma vez que aqui os moradores também têm outra estrutura. Porém a sensação de comer, de não ter fome ou sêde é no início a mesma, como conhecemos. Aqui encontramos todos os animais – selvagens e domésticos – como na Terra. Aqui eles fazem parte dos sêres atuantes e formadores deste nosso mundo. Não temos produtos animais. Quando alguém, que tinha o hábito de comer carne na Terra, sente muito a sua falta, recebe aqui um bife vegetal. Em geral a gente perde rapidinho essa dependência. Mais rápido ainda, se, quanto encarnados, diminuímos o seu consumo.

Então, quanto mais forte e seguro, mais tarefas recebia – de forma que, não demorou muito e eu ia para o meu apartamento somente para dormir. O grupo também se dispersou, cada qual com sua atividade. Porém, nos encontrávamos à noite ou quando tínhamos tempo livre.

Em meu trabalho no refeitório fiz novas amizades e conheci os amigos dos meus amigos. Desta forma o círculo de amizades se tornou cada vez maior. É interessante observar, que aqueles que se completam ou que são importantes um para o outro, sempre se encontram. O processo de desenvolvimento e progresso é contínuo e não se consegue detê-lo.

Numa certa noite veio Rique acompanhado de uma mulher. Nair era seu nome. Baixinha, atarracada, com cabelo encaracolado e um óculos vermelho na ponta do nariz. Este era colocado tão baixo, que Nair sempre olhava sobre ele. Quando já nos conhecíamos há mais tempo, perguntei-lhe:

"Por que os óculos?"

"Porque eles me deixam parecer mais séria!", respondeu-me.

Na verdade, ela não precisava usar óculos, mas tinha um coração tão mole, que todos podiam fazer dela o que queriam; assim ela os usava, na esperança de esconder essa característica.

Naquela noite, Rique me contou que Nair era a chefe da marcenaria e que um de seus ajudantes passou a ter novas funções, de forma que havia um lugar vago. E, como todos estavam muito satisfeitos com o meu progresso, achavam que eu poderia assumir mais responsabilidades. Mas, somente se eu também me sentisse capaz de assumí-las. Em caso positivo, isso significava que eu iria deixar o Domicílio em pouco tempo, para morar perto da marcenaria.

„Você não precisa nos dar uma resposta agora", disse-me ele. "Queremos somente que você pense sobre o assunto, e se você está preparado para

41

deixar esse ambiente protegido, que é o Domicílio, para se integrar na Colônia."

Até este momento, o Domicílio, suas casas e jardins, o pequeno lago no centro, era meu lar. Nunca pensei no fato, de que ele poderia ser apenas uma parte de uma *cidade* maior.

"Será que eu vou me acostumar?", pensei. "Será ela tão grande como as cidades na Terra? Será que ela também nos torna solitários?"

"Nós não esperamos uma resposta afirmativa. Queremos somente uma resposta", disse Nair estendendo a mão, despedindo-se. "Voltarei a vê-lo em dois dias."

Eu tinha medo. Os sentimentos que tinha na minha vida terrena cresciam e se acomodavam em mim, como uma visita desagradável. Mesmo não os tendo sentido há muito tempo, reconhecia-os como os mesmos existentes na minha infância e além dela. "Será que vou conseguir?", perguntava-me repetidamente.

Olhei novamente no espelho. O que vi não era mais a figura triste, murcha e cinza de algum tempo atrás.

"Sou este, agora!" disse-me. "Não mais a criança amendrontada, que sentia muito a falta do pai, que perdera a mãe muito cedo e que fora obrigado a deixar a sua Pátria."

De imediato percebi como o medo se transformava em agradecimento e confiança. Fortificado pela fé em Deus e curado, mesmo que não totalmente, reconheci que chegara a oportunidade de arriscar e aceitar mudanças na minha vida. Sem mudaças caminhamos de cá para lá, indo e voltando na mesma trilha. Sem mudanças não há progresso.

Colônia Esperança

A.: Percebo que há muitos pontos para reflexão em sua descrição. Estou ansiosa pelo seu relato sobre a Colônia.

G.: Como combinado, Nair voltou dois dias depois. Não tentou disfarçar sua alegria ao ouvir minha decisão de deixar o Domicílio.

"Ainda via demorar um pouquinho até que todas os preparativos sejam finalizados", disse-me ela. "Neste íterim, você não mais precisará tabalhar no Refeitório e está livre para conhecer a Colônia. Mostraremos tudo para que você não se *perca* ", disse-me rindo.

Mesmo estando muito ansioso, percebi que havia algo errado.

"Por que você está rindo?", perguntei irritado.

"É porque aqui não podemos nos perder. O nosso corpo mais leve, mais sensível reage como uma bússola, mostrando sempre o caminho correto. Claro, isso você não podia saber. Mas que é engraçado, é..."

"Hm!", pensei, "aqui também se faz piadinhas."

"Tenha satisfação em descobrir coisas novas", acrescentou, "e não seja tão severo consigo mesmo. Tomás e Gabriel virão amanhã para acompanhá-lo à *cidade*. Bem, agora tenho que ir."

Ela me deu a mão despedindo-se. "Até breve, nas novas dependências."

Nair era uma figura interessante; mesmo sendo determinante, não deixava de ser amável. Aquilo que dizia, era feito. Nair não deixava márgens a discussões. E, mesmo assim, inesperadamente soltava uma piadinha como esta de há pouco. Esse seu jeito quebrava, por vezes, a seriedade que irradiava. E, mesmo assim, não conseguia imaginar como seria meu trabalho na marcenaria.

"Por que precisamos aqui de uma marcenaria, se não temos matéria?", me perguntava, enquanto aguardava ansioso o dia seguinte.

Tomás era um homem que irradiava sabedoria. Seu cabelo cheio e branco como neve, penteado para trás, enfeitava seu rosto como uma moldura enfeita um quadro. Ele tinha olhos azuis e o andar de uma girafa.

A.: (rindo!)

Desculpe, mas tenho que rir, pois estou imaginando como seria.

G.: Não me interprete mal!

Você já observou o andar de uma girafa? Não existe no reino animal nenhum com o andar tão elegante e virtuoso como o de uma girafa.

Assim era Tomás: correto e elegante. Para alguns ele poderia parecer arrogante, mas definitivamente isso ele não era. Ele era confiável e sincero. Em contrapartida, Gabriel era baixo, magro, quase magérrimo. Um jovem cheio de energia. Na Terra diríamos que ele não passa dos trinta.

"Aqui fica difícil calcular a idade de alguém, pois cada um forma seu exterior como quer ou sente. Com o tempo, o semblante vai se modificando, de acordo com a transformação interior, até atingirmos o ponto mais alto, que é possível de ser atingido por nós em um determinado nível. Em cada nível nos desenvolvemos caminhando de degrau em degrau, até atingirmos o ponto mais alto de progresso válido para cada um. Existe um limite individual para cada pessoa. Atingindo o grau de desenvolvimento mais alto de cada nível, atinge-se a perfeição daquele nível. E assim, iniciamos uma nova etapa do nosso desenvolvimento em um nível superior, porém no degrau mais baixo deste nível."

Agora eu pude entender o que acontecia comigo todas as vezes que olhava no espelho e um eu diferente me olhava de volta.

Não eram mudanças grandes: os cabelos estavam mais bonitos e mais cheios, o rosto expressava tranquilidade, a pele estava mais lisa, as rugas na testa sumiram; os cantos da boca não mais estavam voltados para baixo. O efeito destas pequenas transformações faz uma grande diferença, tanto para a pessoa, como para tudo ao seu redor. É o começo de um processo, de um círculo viscioso infindável tendo como base a felicidade.

Nós nos transformamos e aumentamos assim nossa luminosidade; a luz que irradiamos toca outras pessoas, que também começam a se transformar e a irradiar a sua luz; esta, por sua vez, atinge outras pessoas e assim por diante. Este é o início de um processo contínuo. No entanto, devido a densidade da Terra, este processo é bem mais lento do que aqui.

A.: Este diálogo me faz pensar na minha luz e no que eu faço para que ela aumente. Muitas vezes nos deixamos levar por situações medíocres e insignificantes, sem nos darmos conta de como isso se reflete sobre nós e sobre o meio à nossa volta.

Enfim, voltemos ao dia com Tomás e Gabriel.

G.: Como combinado, eles vieram me buscar. Atravessamos o parque do Domicílio e caminhamos até o Portão-do-Norte.

"Tomás", disse eu, "nunca tive vontade de vir até aqui. O jardim, o parque e os lugares perto da minha morada eram suficientes. Cada minuto que eu pude me sentar no terraço, foi um minuto de satisfação. Assim, percebo somente agora, que o Domicílio é separado do resto da Colônia por um muro alto, e que a passagem para a cidade, se dá somente através de um portão gigante."

"O muro e o portão", esclareceu Tomás, "são medidas necessárias para proteger os moradores do Domicílio.

O Domicílio tem várias alas de tratamento, não somente a Ala do Despertar, que você conhece. O estado de perturbação de alguns recém-chegados é acentuado. Eles não conseguem entender, que continuam vivendo, porém de uma outra forma. Eles querem retornar à vida anterior, à família, à situação na qual se encontravam no momento em que houve a separação da matéria.

Estamos aqui diante do portão que nos leva à Colônia Esperança. Atrás de nós, do outro lado, encontra-se o Portão-do-Sul, ou seja, o portão da incerteza. Como o nome já diz, esse portão separa a vida protegida pela Colônia de uma vida espiritual fictícia na superfície terrestre. Os espíritos vivem alí numa espécie de mundo paralelo, pois ainda não conseguem ver a luz.

Estes espíritos permanecem no seu ambiente habitual. Eles sofrem, pois, por um lado, não reconhecem a sua desencarnação, e por outro, não a aceitam. Não entendem por que as pessoas à sua volta não reagem com sua presença. Eles conversam com seus familiares e não recebem resposta; ficam enraivados, tornam-se agressivos, desgastando suas energias, ficando cada vez mais fracos. Com o tempo, aprendem a sugar a energia dos encarnados."

"As pessoas crêem que o mundo é formado somente por aquilo que vêem", acrescentou Gabriel. "Grande erro!

O mundo é formado por matéria visível e invisível. Nosso corpo é matéria, da mesma forma que nosso espírito, nossa alma é matéria. A energia que ilumina nossa escuridão é matéria, nossos pensamentos são matéria. O mundo invisível é tão ativo e existente quanto o mundo visível. O princípio é: os iguais se atraem. Os lugares onde se vive em harmonia atraem espíritos carentes de harmonia; onde a discórdia, a raiva e a agressão são dominantes, encontramos espíritos que precisam destas energias, influenciando os contraentes para mais discórdia."

Senti que neste momento precisava de uma pausa. "Hei", pensei, "você ainda tem muito para aprender." Mas os meus dois amigos se encontravam em seu elemento e continuaram a explicar:

"Muitos não se adaptam à paz deste lugar e querem voltar. Querem voltar, pois pensam em seus filhos, ou porque querem se vingar, ou porque temem por suas riquezas. Existe uma infinidade de razões para quererem deixar esse lugar, e fazem de tudo para isso. As pessoas não entendem que estão vivendo numa outra forma de vida. O portão é um obstáculo.É uma forma de levá-los à razão e de impedir seu propósito.

Quando esses espíritos chegam até ele, eles têm ainda uma chance de refletir, se realmente querem partir para a insegurança, ou se decidem pela segurança. O portão barra uma grande parte deles, porém, para aqueles que querem deixar o Domicílio a todo custo, ele se abre sem que seja possível retornar."

Não estava preparado para todos estes esclarecimentos. Precisava refletir a respeito. Eu ouvia muito atentamente, mas a reflexão, o entendimento viria no aconchego de meu quarto e na minha conversa em particular com Deus.

Me perguntava, por que eu sabia tão pouco a cerca disso? Eu, que era um homem crente e devoto, que levara o culto a Deus a sério. Eu, que pensei estar realmente servindo a Deus.

"É certo, que todos podem deixar esse local, mas ninguém pode entrar ou retornar por vontade própria?", perguntei a Tomás.

"Correto!", respondeu-me ele com firmeza.

"Toda pessoa, ou melhor, todo espírito que se desliga do corpo material precisa de um certo tempo para se despedir da vida, que acaba de passar. Ele reconhece que deixou o manto material e que uma nova etapa se inicia. Em alguns casos, as pessoas se despedem conscientemente, pois percebem os nossos preparativos e os aceitam. Se fossem mais, a passagem de uma vida para a outra seria muito mais fácil.

Na maioria das vezes, as pessoas são acompanhadas por nós, por amigos ou familiares, já antes de seu falescimento. Eu estou me referindo a acompanhantes desencarnados. Quando elas estão prontas a nos acompanhar, recebem os primeiros socorros em uma Ala do Despertar. Casos críticos são tratados primeiramente em posto de atendimento junto à crosta terrestre. Isso em situações traumáticas como guerras, catástrofes ambientais e assim por diante.

Há os casos em que o espírito não reconhece diretamente que desencarnou, que deixou o corpo material."

Tomás voltou-se para o portão, que se erguia diante de nós, parecendo chegar até o céu.

"Mas este portão aqui nos leva à cidade; nos leva à nossa Colônia Esperança. Como o nome já diz: esperança!", disse ele com um certo prazer em sua voz. "Sinto-me orgulhoso de poder morar e trabalhar aqui, de fazer parte desta comunidade. Eu também não fui sempre aquele que sou hoje. Nossa colônia é maravilhosa! Mas, é melhor que você mesmo se convença disso."

Ele fez um movimento com as mãos e o colosso se abriu.

A.: Por que os moradores do Domicílio não podem passar por estse portão?

G.: O Domicílio é um lugar destinado à reabilitação. Alí damos os primeiros passos em uma vida nova, diferente. Alí aprendemos a lidar com a nossa nova forma corpórea, aprendemos a ter confiança e equilíbrio. Alguém muito curioso, não estável e fraco, poderia achar que, aquilo que existe do outro lado deste portão, seja uma miragem, uma fantasia. Com isso, o seu estado se agravaria e todos os esforços feitos para sua estabilidade se tornariam inúteis. Querer aprender mais, do que se é capaz de assimilar, significa uma barreira para o desenvolvimento. O portão que dá para a colônia somente pode ser ultrassado por aqueles que foram preparados energeticamente e mesmo assim, somente acompanhados ou com uma autorização.

A.: O que aconteceu quando o portão se abriu? O que você sentiu?

G.: Tomás fez um movimento com as mãos e explicou:

"A partir de hoje, você poderá entrar e sair sempre que desejar. Faça o mesmo gesto que eu, assim como estou lhe mostrando, e o portão se abrirá."

Tentei, mas nada aconteceu.

"Você precisa ter fé, acreditar que sua energia fará com que este portão se abra, e sobre tudo... querer.

Ele colocou minhas mãos na posição certa. Enquanto isso, concentrei-me na vontade de passar por alí e finalmente chegar em Esperança.

E assim foi. Chegamos diretamente em um parque com muitas pessoas e grande movimento.

Algumas conversavam sentadas nos bancos; outras passeavam com livros nas mãos, lendo; ainda outras descansavam na grama, que mais parecia um tapete verde. Árvores, flores, gente, edifícios, meios de transporte...tudo como na Terra, porém diferente. As placas mostravam o caminho para se chegar à Casa da Juventude, à Biblioteca, ao Museu, à Academia de Artes etc. Quando eu pensava em algum lugar, a minha visão girava exatamente para onde eu deveria ir. Onde quer que eu me encontrasse, bastava pensar no Domicílio e uma placa indicatória me mostrava o caminho até lá. Eu estava perplexo.

À noite, em minha cama, agradeci à Deus por esta experiência, por este mundo e pelas possibilidades que nos são oferecidas. Pensei em minha mulher e desejei que ela pudesse captar meus pensamentos.

Colônia Esperança não é muito grande. Com cerca de quinhentos mil habitantes, ela se situa na região amazônica aproximadamente entre Peru e Brasil. Uma parte da colônia é mata com cachoeiras e plantas exóticas.

À noite, muitos moradores vão para o parque para observar o maravilhoso céu estrelado. De repente, todos se unem pelas mãos e oram em silêncio, sem pregação ou pregador e sem sensacionalismo.

A.: Você pode me descrever as pessoas que aí vivem? Como elas se vestem? Como posso imaginá-las?

G.: (Sorrindo)

Muitos encarnados imaginam os espíritos como fantasmas escondidos sob um lençól, com dois orifícios para os olhos, voando de um lado para outro ou arrastando correntes.

Devido aos movimentos leves e à leveza do nosso corpo etéreo, que se desenvolvem com o nosso progresso, aprendemos a flutuar, mas apenas uns centímetros acima do chão. Assim, podemos percorrer grandes distâncias mais rapidamente e com pouco esforço. Porém não com a velocidade do pensamento, como muitos pensam. Talvez isso seja válido para espíritos mais desenvolvidos, que possuem uma estrutura etérea ainda diferente da nossa. Com certeza, ainda terei que viver muitas vidas para atingir esse nível. Mesmo não mais possuindo um corpo material como na Terra, temos um corpo e ainda sentimos vergonha, vaidade e orgulho, no entanto, esforçamo-nos para torná-los menos significantes.

Os moradores de Esperança usam o mesmo tipo túnica. Isso se dá pelo fato, de que aqui todos são iguais, independentemente dos bens acumulados na Terra. A diferença está na cor. A princípio, as túnicas parecem ser brancas, porém são cintilantes e refletem cores diferentes. Por exemplo, as túnicas dos Novos refletem o vermelho ou verde; dependendo do progresso, elas passam a refletir o amarelo ou azul ou violeta. Túnicas totalmente brancas, possuem os professores, acompanhates protetores e os administradores desta Colônia. Esta diferença é necessária, principalmente, para podermos oferecer auxílio àqueles que precisam ou para indicar aqueles, que podem nos ajudar.

Eu também fiquei muito surpreso com isso. Mesmo no tempo que passei no Domicílio, não tinha a menor idéia do que iria encontrar aqui. Somente depois de me ambientar na Colônia, é que deixei de me surpreender. Os Novos devem se juntar a um grupo de estudos, ir a palestras, trocar idéias com morados mais antigos, fazer milhões de perguntas, pois isso ajuda não somente a se integrar, mas também a progredir. Aqui, cada um recebe esclarecimento sobre seus por quês, e a ele são mostradas as posibilidades para se livrar de seus envolvimentos complicados.

Esperança – meu novo lar e esperança de uma vida melhor.

A Marcenaria

A.: Me emociona o carinho e atenção que se dá aos irmãos de outros mundos. Na Terra ignoramos até mesmo os nossos vizinhos... Me proponho a transformar conhecimento em ação: em noites estreladas, voltar meu pensamento a pelo menos uma das estrelas do firmamento.

Prossiga.

G.: Aproveitei meus dias livres para conhecer a Colônia, até que Nair veio me trazer a boa nova: eu poderia iniciar o trabalho na marcenaria. No dia seguinte, Tomás e Gabriel vieram me buscar; me acompanhavam quando me despedi de Rique, Lisa e dos outros. Eles têm um lugar especial em meu coração, pois me trataram com muito amor durante a época difícil de aclimatização. Com certeza iríamos nos encontrar com frequência.

As oficinas situam-se fora do centro, nas margens da Colônia, assim como os orfanatos e os parques habitacionais[6]. O meu conjunto habitacional encontra-se em cima de uma pequena elevação. As casinhas estão ligadas umas às outras e no fundo possuem um terraço igual ao que eu tinha no Domicílio. As unidades são pintadas de branco, com janelas e portas azuis, em arco; os telhados são arredondados – como tudo. Não há cantos. Me explicaram que assim a energia flui melhor. Tem-se a sensação de que tudo está ligado entre si, que tudo se toca, de alguma forma.

A minha moradia é a terceira do lado direito, junto à grande árvore. Devido ao jardim em comum, é fácil conhecer os vizinhos e fazer amizades. Às vezes, alguns moradores jogam futeból, outros tocam instrumentos, grupos se encontram para passar o tempo juntos, mulheres trocam idéias e crianças brincam na grama. Nada diferente de um domingo na Terra. Nestas ocasiões, lembrava-me de como a família passava os domingos. Já faz tanto tempo...

A.: Enquanto você descreve o lugar onde você mora, recebo não somente a descrição, mas também imagens, de forma que posso ver o condomínio com casinhas brancas e janelas azuis e a grande árvore. Vejo também um grande parque,

---

6 Parques habitacionais = espécie de condomínio ou bairros

com muitas pessoas – umas lendo, outras conversando, outras tocando um instrumento.

G.: Em diversos lugares da Colônia são oferecidas atividades como: leitura de livros, concertos, peças de teatro, etc. Cada um pode tomar parte nestas atividades ativa ou passivamente. Os mestres, professores – os acompanhantes[7] – se empenham muito em tornar a nossa vida aqui o mais agradável possível. E mesmo assim, encontram-se aqui também aqueles que recusam tudo e não se integram.

Divido minha moradia com Maurício, que trabalha no orfanato, e Antonio. Este trabalha na oficina de artes. Os dois são muito amáveis e se esforçam para que tudo seja o mais agradável possível. A nossa unidade habitacional é espaçosa. Cada qual tem seu quarto, e o decora como quizer. O meu estava vazio quando lá cheguei.

"Como você quer decorá-lo?", perguntou-me Maurício. "De que cor você quer as paredes? E que móveis você acha que ficariam bem? Você pode decorar o seu quarto, do seu gosto."

Antonio, o mais quieto e calmo, pegou Maurício pelo braço e disse:" Acho melhor, deixá-lo

---

7 Acompanhante = todo e qualquer espírito morador da Colônia, que exerce uma função de auxílio aos irmãos em progresso.

uns momentos sozinho, para que ele possa ter uma idéia do que quer, a fim de se sentir bem e confortável."

Olhei ao redor e imaginei uma cama, uma pequena estante com livros, uma mesa e uma poltrona confortável; porém, um espelho não deveria faltar. O espelho continuava a ter grande importância para mim, pois alí reconhecia a minha transformação. Quando terminei de decorar e mobiliar o quarto mentalmente, fui ao encontro dos dois. Eles esperavam por mim no terraço.

"Nós vamos nos entender muito bem", disse Antonio e me ofereceu um copo com bebida. "Façamos um brinde à nossa amizade!"

Eu ainda estava um pouco acanhado, porém cheio de curiosidade no que viria a seguir. Estava curioso a cerca do futuro com estes dois, na marcenaria e em Esperança.

No parque à nossa frente alguns grupos tocavam instrumentos, ensaiando para a próxima festa. Parecia que todos os morados da Colônia estavam, de alguma forma, envolvidos com os preparativos para o grande dia. O som agradável de uma composição chamou nossa atenção. Fomos até lá para ouvir melhor e continuar nossa conversa. Meus amigos me explicaram que esta festa – a grande Festa do Amor – é feita regularmente.

Ao retornar à moradia, no final da tarde, fui surpreendido por um quarto totalmente mobiliado. Tudo no seu lugar e conforme tinha imaginado.

"Como isso é possível?", perguntei ainda boquiaberto.

"Energia do pensamento, meu caro!", responderam ambos ao mesmo tempo.

Na manhã seguinte tive o meu primeiro dia de trabalho. Nair e seis colegas esperavam por mim na entrada e assim que me viram, vieram ao meu encontro para me cumprimentar. Eu fui colocado para trabalhar na área de acabamento.

Na marcenaria são fabricados e concertados móveis. As peças são feitas de um material parecido com madeira. Colônias especializadas são produtoras, fornecendo-as para aquelas que a necessitam. A matéria se parece com madeira, a sensação é de madeira quando se passa a mão sobre ela, mas definitivamente não é madeira, e sim, como tudo aqui, matéria fluídica.

Junto de nós se situa a oficina de artes. Essa matéria fluídica parecida com madeira é transformada alí em maravilhosas esculturas, que são expostas na Festa do Amor. Todos aqueles que gostam de se ocupar com uma atividade artística, têm aqui a chance de dar margens à imaginação. Porém, os artistas também precisam assumir outras atividades e responsabilidades para ao bem da comunidade.

De vez em quando recebíamos a visita de crianças do Orfanato. Explicávamos e mostrávamos tudo o que queriam saber, e por fim, os pequenos podiam brincar com a madeira fluídica, formando os seus próprios objetos. Cuidar deles era uma atividade que me enchia de alegria. Nestas ocasiões, lembrava-me de meus netos. Eu não fui o avô que poderia ter sido....Talvez eu receba uma oportunidade para agir diferentemente, não com base em complexos de culpa, mas sim, com base no progresso pelo reconhecimento dos erros.

Sempre gostei de trabalhar na marcenaria. Nas épocas de festa ou concertos tínhamos muito trabalho, por exemplo, com a montagem dos pálcos. Depois de tudo pronto, relaxávamos ao som de um concerto musical ou assistíamos a uma palestra.

Aqui em Esperança há sempre o que fazer e onde ir. Além de nos visitarmos com frequência, marcamos encontros com amigos, fazemos excursões, vamos ao museu, etc., nada muito diferente do que na Terra. Principalmente nos primeiros tempos, precisamos tomar parte em muitas atividades, para que não tenhamos tempo para pensar e sentir falta do nosso lar terreno.

Todos aqueles que se acostumaram à nova forma de vida começam a trabalhar – assim como eu. E quando a gente se sente integrado, daí começa o aprendizado, ou seja, recebemos a oportunidade para trabalhar em nossos desequilíbrios. Inclusive eu.

Certo dia, Nair veio me ver com uma carta na mão.

"Você está se desenvolvendo tão bem, que eu resolvi te indicar para um fazer um curso. Aqui está o convite."

Tratava-se de um curso sobre Transformação do Medo. Estranhei o tema, pois meus medos haviam passado já há muito tempo. Através da vida regrada e cheia de confiança, e da sensação de segurança que sinto aqui, meus medos desapareceram – pensei.

"É chegada a hora de trabalhar neste aspecto", disse Nair. "Os medos não estão mais dentro de você, mas encontram-se ainda presentes, mesmo fora do alcance de seus sentimentos. O momento é apropriado para você entrar em contato com eles, analisá-los e transformá-los em amor. Eles são um corpo estranho como uma pedrinha no sapato, que machuca e causa dores até que seja eliminada. Somente assim as feridas podem sarar. Pense nisso." Ela me abraçou e saiu.

No dia seguinte, novamente as crianças do orfanato visitaram a marcenaria. Como sempre, elas estavam curiosas e ansiosas por segurar um pedaço de madeira fluídica nas mãos. Menos o pequeno menino loiro, que se segurava nas minhas pernas e se escondia atrás delas. Ele tinha medo de tudo e de todos. Eu o peguei no colo e sentei-me com ele um pouco afastado do centro das atividades. Sentei-o sobre meus joelhos e sussurrei palavras de encorajamento em seu pequeno ouvido. O menino se aconchegou em meu peito, fechou os olhos e parecia gostar deste momento.

O curso não influenciaria minhas atividades na marcenaria, pois ele era ministrado nos meus dias de folga.

Mesmo não mais sentindo a presença de meus medos, tinha a certeza, de que algum dia me encontraria em uma situação onde eles viriam à tona.

Só podemos entender o verdadeiro significado do que é liberdade, quando reconhecemos e nos confrotamos com os nossos medos. Com este curso eu daria um passo à frente no meu desenvolvimento, e por isso, não via a hora de poder iniciá-lo.

Voltei minha atenção para o menino. Coloquei minhas mãos sobre o seu peito e costas, agradeci a Deus por sua assistência e infinito amor, pois Ele não deixa nenhum de seus filhos sozinho, e me libertei de todo e qualquer pensamento. Eu senti, que pequenas partículas de luz atravessavam meu corpo, se concentravam nas palmas de minhas mãos, para sair em forma de raio e iluminar o pequeno corpo. Segundos mais tarde, o pequeno pulou do meu colo, indo brincar com os outros.

Nair veio e se sentou junto de mim. Um bom tempo alegramo-nos, observando as crianças brincarem. De repente, ela colocou o seu braço sobre meus ombros e disse:

"Isto que estamos presenciando é a verdadeira paz. Cada um brinca concentrado, é um indivíduo autônomo, não limita e não é limitado por ninguém; é livre, único e mesmo assim, é parte integrante da comunidade como a peça de um puzzle, com sua forma individual; entretanto, sem ela, o quadro nunca estará completo."

O Orfanato

A.: Estranho a existência de um orfanato no outro lado da vida.

G.: Um orfanato neste lado da vida é algo diferente, que aquele do teu lado. Ele não é somente abrigo para crianças órfãs, mas sim, um lar cheio de amor. As crianças permanecem alí nos primeiros tempos. Quando elas se transformam em adolescentes, deixam o orfanato para darem continuidade ao seu progresso em uma outra instituição ou em uma família. O tempo que eles passam no orfanato depende do seu progresso; alguns se transformam rapidamente, outros devagar, de acordo com a maturidade de seu espírito.

Na Terra, a morte acontece em qualquer idade. Desta forma, o espírito deixa o corpo material em diferentes estágios de maturidade, assim também como feto ou recém nascido com uns poucos dias ou meses de vida. Estes espíritos são levados a instituições especiais, tratados e fortalecidos até poderem viver nos orfanatos. Infelizmente existem muitos em Esperança.

Devemos ter em mente, que o o espírito se une ao corpo mesmo antes de seu nascimento na Terra. É o espírito que forma seu corpo material desde o início, ou seja, desde a fecundação. Na verdade, muito tempo antes ele já se ocupa com sua reencarnação, procurando os pais e o momento adequado para a sua vinda. Em geral, ele não toma esta decisão sozinho. É um compromisso feito entre os envolvidos, como, por exemplo, os meus pais terrenos, que decidiram viver uma nova vida na terra, como mãe e filho. Na nova vida, minha mãe tem a chance de dar ao meu pai toda atenção e amor, que lhe fora negado pela guerra. Ela o receberá como filho. Assim, cada pessoa que está vivendo neste momento na Terra, está também preparando a sua próxima vinda.

A.: Ao meu ver, se o espírito já viveu centenas de vidas, ele é um espírito adulto. Como é que este espírito adulto pode retornar ao mundo espiritual como criança e até mesmo como feto?

G.: É correto, que o espírito é um *ser idoso*, que já viveu centenas de vidas. Quando o espírito deixa a vida material, sente ainda as mesmas sensações de quando encarnado – pois estas são provocadas pelo corpo material – até conseguir livrar-se delas. Para que isso aconteça dependemos da imensa ajuda dos irmãos e irmãs espirituais! Através desta ajuda, a alma, de acordo com o seu nível de desenvolvimento e se desfazendo das cargas emocionais trazidas da vida que passou, tem a oportunidade de se transformar em espírito – o que ela na versade é.

Pelo amor incondicional que aqui recebe, um feto pode se transformar em poucas horas em criança, e uma criança em um adulto.

A vida neste meu mundo é muito dinâmica e incomparável!

A respeito do pequeno menino da marcenaria posso informar, que ele se transformou rapidamente em adolescente, assim que foi confrontado com seus medos.

Aqui, cada criança recebe uma "mãe" ou "pai" ou uma "família", de acordo com as suas necessidades. O escolhido o acompanha intensamente, alimentando-o com amor incondicional, durante o tempo que precisar. A criança decide sobre o seu amadurecimento. Todas elas são acompanhadas, orientadas e aprendem os diversos aspectos da vida espiritual. A visita que fazem às diversas oficinas de artes são uma componente importante neste processo de aprendizado.

Muitos moradores de Esperança se dedicam ao bem-estar das crianças organizando passeios, leituras e jogos, e outras atividades.

A.: Por que existem muitos orfanatos em Esperança?

G.: Isto se dá, porque Esperança encontra-se em uma região com alto índice de mortalidade infantil. Devido à componente étnica de séculos passados, o envolvimento e a dependência destes espíritos entre si, ainda não foram totalmente superados, gerando, infelizmente, novas situações de desequilíbrio. A mortalidade infantil nesta região é muito grande devido a diversos fatores. O mais importante deles é que o progresso espiritual se acelere. Isto se dá, quando uma criança saudável desencarna repentinamente. Este espírito fez a reparação e atingiu o equilíbrio que escolheu para esta reencarnação. O processo de desenvolvimento acelera-se, pois um fracasso é quase que impossível.

Uma outra razão, é o grande número de abortos induzidos ou não. Alguns espíritos se separam por vontade própria do corpo material em formação; já a reencarnação de outros é interrompida pelo aborto provovado, forçando os espíritos a se desligarem do corpo material. Nestes casos, alguns espíritos entram num estado de choque, permanecendo nele até se sentirem capazes de, com nossa ajuda, iniciar uma vida espiritual *normal*.

Para que o processo de desenvolvimento de todos os envolvidos não seja interrompido, um *espírito alheio*[8] assume a tarefa daquele que não conseguiu encarnar ou que descidiu voluntariamente desencarnar. Mas, isso acontece somente em casos em que o espírito alheio seja absolutamente indicado para resolver a tarefa assumida, sem sofrer danos por isso. Além disso e visando seu próprio desenvolvimento, é necessário que o tema de aprendizado deste espírito se inicie quando estiver adulto.

Esta é uma pequena amostra das Leis e da Ordem Divinas. O Plano Divino significa cura e retorno à origem. Uma vez que todos os sêres deste universo são sêres divinos, o retorno à Luz é um processo indiscutível.

A.: Portanto, um *espírito alheio* pode, por assim dizer, assumir a tarefa de um outro. Mas, por que ele faz isso? Através deste ato ele não estará atrasando o seu próprio desenvolvimento?

---

8 Espírito alheio = Espírito que não faz parte de um grupo em dependência

G.: Muito pelo contrário. Ele acelera o seu desenvolvimento, pois decide por vontade própria ajudar um espírito amigo por amor. Com isso ele progride, mesmo falhando em sua própria tarefa.

A.: Você pode me explicar isto melhor?

G.: Um espírito decide por amor assumir a tarefa de um outro – que falhou – porque já resolveu tarefa semelhante anteriormente, em uma outra vida, em seu próprio processo de desenvolvimento; ou porque, devido às suas características individuais e aos seus talentos ele sabe o que fazer, para resolvê-la.

Por exemplo, um espírito encarna com a tarefa de, ser músico e tocar os corações das pessoas para assim, elevá-las a esferas superiores. Porém, o esforço que faz para aprender e as inúmeras horas de treinamento é muito grande e penoso. Relativamente cedo, o encarnado reconhece que não será capaz de resolver a tarefa por ele mesmo escolhida. Ele não abre somente mão da música, mas também de si próprio. Ele fracassa, adoece e morre. Um outro espírito assume então esta tarefa, com a finalidade de fechar a brecha por ele deixada, e para que todos os envolvidos tenham a chance de prosseguir no seu desenvolvimento. Aquilo que, para um espírito – ou uma alma – significa esforço ou sofrimento, para outro é coisa fácil. No entanto, este *espírito alheio* tem o seu próprio aprendizado, com tarefas relativas ao seu progresso individual, porém que começarão quando ele estiver mais velho. Isto você pode perceber na Terra, quando um membro da família é totalmente diferente dos demais.

Voltemos aos orfanatos. As crianças recebem de suas mães ou de seus pais toda atenção e amor necessários, até reconhecerem, por si próprias, que devem deixar o "ninho". Neste ponto, elas não mais precisam dos cuidados até então recebidos, abrindo espaço para outros *espíritos infantis* que os necessitam. O amor que os unem, é o amor incondicional que aqui impera, não sendo importante se o Espírito Protetor assume a função de pai, mãe, irmão ou irmã, pois todos nós somos membros de uma única família.

Eu sei que é difícil para você imaginar isto, pois, acredite, para mim também não foi fácil.

Curso I

A.: No mundo espiritual, o aprendizado é parte integrante do desenvolvimento de cada um assim como Terra?

G.: Na Terra, instrução e aprendizado, em princípio, significam conhecimento. Conhecimento a cerca de como se pode dominar e subjugar a natureza; e de como se pode extrair o máximo dela e de seus habitantes. Na Terra, pesquisamos e queremos saber tudo sobre o contexto onde o ser humano está inserido – incluindo sua veste material, a fim de se tirar máximo proveito dele. Aqui, ao contrário, aprendemos como funcionamos, como fomos criados e formados, o que nos tira do equilíbrio e como podemos restaurá-lo para vivermos em harmonia conosco, com nossos semelhantes e com o universo. Aqui, instrução e aprendizado é conscientização; aí, vantagem.

O Centro de Estudos encontra-se diretamente no centro da Colônia, ao lado da biblioteca. Trata-se de um conjunto de prédios com várias salas – pequenas e grandes, onde são ministrados cursos e palestras. Os temas são escolhidos de acordo com as necessidades dos moradores de Esperança.

No início, o meu comportamento era reservado, chegando a ser letárgico. Pela compreensão e pelo tratamento carinhoso que recebi, reconheci que, sem o meu esforço e sem a vontade de mudar, tudo ficará da mesma forma, mesmo eu recebendo uma nova chance para a reparação das falhas anteriores. Mas, eu tinha o desejo de progredir; eu queria reconhecer os freios em minha alma e eliminá-los. O curso a mim oferecido tinha como título: Transformação dos Medos, o que me deixou pensativo, pois eu acreditava ter superado os meus medos já há muito tempo.

Para eu chegar ao Centro de Estudos eu precisava apenas de uns minutos. Somente agora notei a grande quantidade de pessoas que entravam e saiam, apesar de ter passado por alí muitas vezes. Um quadro na área de entrada indicava os cursos e as salas onde seriam realizados.

Ao chegar à porta com um aviso "Transformação dos Medos" parei e respirei fundo.

Quinze cadeiras formavam um semi-círculo, com uma outra no centro. Dois participantes conversavam perto da janela. Quando perceberam a minha presença, viraram-se para mim e me cumprimentaram. Logo a seguir chegaram os demais. Sentamo-nos e ficamos no aguardo do Instrutor.

Mario, um homem já mais velho, com cabelos brancos como a neve e barba de três dias, muito elegante em sua túnica alvíssima, entrou na sala. Ele nos cumprimentou, apresentou-se e pediu que fizéssemos o mesmo. Terminada a apresentação de cada um, disse:

"Nenhum de nós é perfeito; pelo contrário, cada um de nós tem o seu desequilíbrio; a cada um de nós falta algo. Nos falta disciplina, auto-confiança, auto-estima, etc. razão dos desequilíbrios que carregamos por muitas vidas terrenas, se não forem por nós reconhecidos e eliminados. Estas desharmonias ou desequilíbrios que não puderam ser eliminados durante a nossa vida no corpo material, serão aqui expostas e examinadas, para finalmente, ter-se consciência delas e juntos elaborarmos uma solução.

Raramente pessoas se encontram para falar sobre desequilíbrios ou falta de harmonia, sejam elas referentes à saúde, ao convívio com o nosso companheiro, ao convívio com nossos familiares ou referente a qualquer outro aspecto de nossa vida social. E mesmo assim, damos mais valor à opinião do nosso meio ambiente, do que à dos membros mais próximos, e mais raramente ainda damos ouvidos às necessidades de nossa alma. Na maioria dos casos, não permitimos a ninguém olhar atrás dos bastidores, para que não descubram, como nos sentimos realmente. Quem isto permite, fraqueja; milhões de pessoas na Terra estão convictas disto. Que desparate! Uma vez que sensações e sentimentos são arquivados na alma, a cada nova encarnação ela também leva os medos que juntamos no decorrer de nossas inúmeras vidas na matéria. Neste curso vamos aprender a tranformá-los.

Quando reconhecemos que o tempo da caça e do caçador já passou; que todos nós somos iguais e parte integrante da Criação Divina, somos levados a reconhecer também, que somos Seres Divinos Criadores. Ou seja, criamos e formamos nós próprios e o mundo em que vivemos. Se transformarmos os medos que existem em nós em compreensão, bondade e finalmente em amor, transformaremos não somente nós mesmos, mas também o mundo em que vivemos."

Neste momento tive que pensar no pouco que sabia a este respeito e me perguntava, quantas pessoas do meu círculo de convívio na Terra, já havia refletido sobre este tema.

"E o que acontece com os dirigentes das diferentes religiões na Terra, todas com base no mesmo ensinamento, porém muito diferentes em sua aplicação, alimentando e fortalecendo nossos medos? Que contradição!", pensei.

Mario voltou-se para mim e disse:

"Você pode dar voz aos seus pensamentos. Todos aqui presentes fizemos a mesma experiência. O que difere é o meio ambiente, o palco de atuação de cada um; porém, o resultado é o mesmo – uma cicatríz em nossa alma. Por isso estamos aqui, nesta sala. E a primeira lição que devemos aprender é, que ainda não nos conscientizamos e superamos todos os nossos medos."

E assim era realmente.

O curso tinha seus dias fixos e seria realizado durante um período relativamente longo. Já ao término deste primeiro dia, não via a hora de retornar e trocar idéias com os outros. Principalmente porque os assuntos que debatíamos, mexiam intensamente com nossa emoções. Ao final deste primeiro dia, refletia sobre minhas emoções, meu pai não retornando da guerra. O responsável por nosso bem-estar, aquele que nos dava segurança para viver e sobreviver havia partido para sempre. Mesmo eu sendo um pequeno menino, senti como a insegurança caiu sobre nós como uma camada de névoa espessa. Cada um dos membros da família a sentia, porém ninguém falava sobre ela. Muitos pais pensam que um menino de apenas dois anos não entende o que se passa e não sente a transformação em casos como este. Que engano! Mesmo um feto já percebe o seu meio ambiente e arquiva as experiências desde então no núcleo de seu ser – em sua alma. E estas permanecem ativas, influenciando-o até chegar a hora de encará-las, eliminá-las ou transformá-las.

Seria tão mais fácil, se a família tivesse se unido e dito: "Assim como você, nós também temos medo e estamos inseguros quanto ao futuro. Unidos e com com fé em Deus somos fortes e podemos superar tudo o que vier."

Minha mãe extraía sua força da Luz Divina que recebia. Após ter desencarnado, meu pai ainda nos acompanhou por muito tempo, não conseguindo se entregar à Luz. Aos Espíritos amigos que vieram buscá-lo, ele pediu adiamento, pois queria retirar sua família do meio crítico. Mesmo prometendo que eles mesmo ou outros Espíritos amigos nos acompanhariam, meu pai não conseguiu deixar-nos. Ele sabia que minha mãe o ouvia e agia sob sua influência; e não tinha a certeza de que ela ouviria as mensagens dos amigos invisíveis. Sendo assim, ele ficou e nos acompanhou mostrando à minha mãe a direção que ela deveria seguir e as pessoas que iriam nos ajudar. Ao subirmos no navio que nos levaria ao Brasil, ele se despediu. No momento em que ele partiu, senti como os meus medos retornaram. E mais uma vez assumimos nosso destino – a familia inteira – sem dizer uma palavra.

Sou muito agradecido por ter oportunidade de ver tudo isto, e de pouco em pouco entender o que se passou. São tantas as ligações, dependências e entrelaçamentos que vivemos em uma vida, que precisamos passar por várias etapas de aprendizado na vida espiritual, até podermos reconhecê-las e compreendê-las. Não nos é mostrado tudo ao mesmo tempo, por não termos a capacidade de assimilar tudo de uma só vez.

A.: Este relato sobre a decisão de meu avô não acompanhar os amigos espirituais, para acompanhar mulher e filhos até estarem seguros, é para mim, uma das maiores provas de amor.

G.: Com medo daquilo que os outros pudessem pensar, fiz muita coisa contra a minha natureza divina. E isto eu lamento muito. A isto se acrescentou o medo de um Deus punitivo, que eu descobri na religião. Tornei-me agressivo, desprezei pessoas queridas. Elas haviam pecado, agido contrariamente à descência pregada pela Igreja. O medo do pecado era a lembrança contínua do pecado em sí. Um círculo viscioso sem fim. A vida tornou-se mais complicada e assim, os medos da tenra infância foram soterrados sob as camadas de novos acontecimentos.

Sou extremamente grato por receber uma nova chance para reparação. Nós, seres humanos, não somos infalíveis, pois ao contrário, não precisaríamos mais assumir uma vida na matéria. Medos e sentimentos de culpa nos impelem continuamente para uma vida na Terra. Transformando-os, nós nos tranformamos, tranformamos o meio em que vivemos e, consequentemente, o Planeta Terra e o Universo se tranformam.

Ainda me encontro no processo de aprendizado para transformação dos meus medos. Aquilo que consegui até agora, fez com que eu fosse capaz de fazer esta narrativa, de aceitar a tua ajuda A., na esperança de dar à minha família aquilo que não fui capaz durante a minha vida terrena: amor e compreensão.

A.: Sinto sua sinceridade e franqueza. Eles me tocam no ponto mais sensível de meu ser – no núcleo de meus sentimentos. Arrependimento e sentimento de culpa são usados como sendo a mesma coisa, no entanto são completamente diferentes.

G.: A partir do momento em que reconheci – aqui em Esperança – o significado real da vida, tive o desejo de dar à minha família a compreensão e o amor que faltaram na minha vida, e ao mesmo tempo tomar deles o medo da morte, de punições e do sofrimento eterno no fogo do inferno. Estas declarações são feitas por falta de entedimento ou distorção da verdade por pessoas e entidades que só visam o poder e a servidão e que não compreenderam os ensinamentos de Jesus – nosso irmão maior.

G.: Me parece que você, A., tem uma pergunta a respeito do paradeiro de sua amada avó, minha mãe?

O que me foi permitido saber sobre o meu pai, já narrei anteriormente. A única informação que recebi a respeito da minha mãe foi que ela já está encarnada na Terra, se preparando para o encontro com meu pai. Eles passarão mais uma vida juntos. O desejo dela é dar-lhe todo o amor, que, pelas circunstâncias,não foi possível. Assim, ela o receberá como seu filho.

A.: Muito obrigada! Mesmo sendo eu apenas um bebê de cerca seis meses quando minha avó deixou o corpo material, sinto-me muito ligada a ela.

G.: Este curso foi a experiência mais difícil pela qual passei, desde que vivo esta nova vida. Como é dificil para nós nos envolvermos novamente com situações incômodas, com o propósito de descobrirmos o sentimento reprimido. Tentei várias vezes e não cheguei ao fim, interrompendo-as por falta de coragem. Por muitas vezes afirmei estar curado e não sentir mais medos. Porém, aqui estamos envolvidos pelo amor incondicional, e todos os companheiros carinhosos que nos acompanham não nos pressionam, mas nos animam à reflexão e à busca. Reconhecer que nada pode nos tirar a vida, pois somos infinitos, é uma das lições mais importantes que aqui aprendi.

Sem a ajuda dos companheiros e mestres não teria eliminado o obstáculo "medo" de meu progresso. Ainda trabalho no sentido de firmar em mim tudo o que aprendi e aprendo, para que me transforme definitivamente, pois a Terra necessita de pessoas sem medo e com muita fé em Deus.

Todo o espírito com estas características, que assume uma nova vida material, é uma semente em pról da paz definitiva na Terra.

A Enfermaria

A.: A Terra necessita de pessoas menos ligadas ao materialismo e mais voltadas para a realização pessoal. São pouquíssimos aqueles felizes e em equilíbrio; são pouquíssimos aqueles que se orientam pelas necessidades da alma. Como são os moradores do seu mundo?

G.: A força ativa da maioria dos moradores de Esperança é a vontade de crescer – pelo reconhecimento de suas deficiências espirituais e pelo *auxílio ao próximo*. Somente podemos perceber a grandeza, ou melhor, a profundeza destas palavras, quando nos libertamos do desejo de ser centro das atenções. Para as pessoas na Terra é importante mostrar aos outros, como elas são inteligentes, boas, bonitas, ricas, poderosas, e assim por diante. Elas ainda agem dentro do sistema caça e caçador.

Esta característica não existe aqui, porque o meio em que estamos mergulhados, aquilo que nos envolve, é amor. Posso entender perfeitamente que é difícil para um encarnado na Terra entender a complexidade desta afirmação em todos os seus sentidos, uma vez que amor tem para ele um outro significado. Como um girino, que respira água, precisa se transformar para viver como sapo na terra, respirando oxigênio, nós também, vindos de uma Terra sem amor, precisamos nos adaptar ao mundo espiritual onde impera o amor incondicional. Da mesma forma que para o sapo não é difícil respirar oxigênio (ar), não é difícil para nós vivermos amor incondicional num ambiente cheio de amor. Por isso, o *auxílio ao próximo* não é uma tarefa, um trabalho, ou algo excepcional, pelo qual recebemos elogios e atenções especiais ou mesmo medalhas, mas sim, algo natural, que faz parte de nós como o respirar. Talvez fica mais fácil de se entender, se eu trocar a palavra amor por solidariedade.

Uma vez que, todos os seres do Universo são de natureza divina e têm o mesmo objetivo – apesar de alguns trabalharem nele com mais intensidade que outros – o nosso maior desejo deveria ser, oferecer ajuda a todos que hesitam ou que a necessitam. Mesmo em Esperança precisamos trabalhar em nós para reconhecermos isto.

Com o término do primeiro curso, o meu trabalho na marcenaria não mais condizia com meu aprendizado, pois o conhecimento adquirido precisava ser colocado em prática. Eu reconheci meus medos e tive a oportunidade de transformá-los no sentimento nobre da compreensão. No último dia do curso Transformação dos Medos, cada um dos participantes foi informado sobre o seu novo campo de atuação. Na Terra isto pode ser comparado a um certificado de conclusão. Todos esperavam ansiosos pela nova atividade. A minha nova área de atuação seria na Enfermaria. Apesar de ter ouvido dela, nada sabia a respeito.

"A Enfermaria", explicou Mario, "é um órgão de auxílio fora da Colônia. Enquanto estiver trabalhando na Enfermaria, você também morará lá. Mauricio e Antonio o acompanharão. "

Mesmo tendo meus medos sob controle, isto não significava que os novos desafios me deixaram totalmente frio.

"O que será que lá me espera?", pensei. "Será que estou pronto para assumir este trabalho?"

Ao final do segundo dia após o término do curso, encontramo-nos no Portão-do-Sul de Esperança, que leva para fora da Colônia.

"Eu me lembro", disse eu, "que, quando a gente ultrapassa este portão, não pode mais retornar. Esta é a única razão do meu nervosismo."

"Acalme-se. Nós já passamos por este portão muitas vezes. E, como você pode se lembrar, foi dito para não ultrapassá-lo sem estar acompanhado. Correto?"

„Certo! Agora me lembro", respondi aliviado. „Estou pronto!"

Nos demos as mãos, Antonio fez uma pequena prece de agradecimento pela tarefa que nos esperava e atravessamos o portão.

O mundo fora de Esperança é muito diferente. Agora com a consciência de um despertado[9] consigo ver melhor a planície pela qual vaguei, antes dos portões de Esperança se abrirem para mim. A luz amarelada, difusa e a terra avermelhada. Sem árvore, sem sinal de vida. Lembrei-me da voz de meu pai, que rigorosa me fez ir de encontro à luz. Quando não somos capazes de ver a luz, mesmo estando mergulhados nela, pensamos estar vagando nas sombras. Isto aconteceu comigo; assim me sentia. Muitas pessoas na Terra possuem tudo para serem felizes e, mesmo

_____

9 Despertado = espírito desencarnado que passou pelo Despertar e que vive conscientemente na Colônia

assim, caem na desolação, na aflição causada pela falta de reconhecimento.

"Assim como você, também relutamos para passar por este portão. Com o tempo nos acostumamos. Sabemos o que nos espera, por isso, é importante nos prepararmos com antecedência.", disse Antonio, consolando-me. "Acredite, na próxima vez será mais fácil."

„Teremos que passar por aqui muitas vezes?" perguntei.

„Mais do que você pode imaginar."

Diante de nós, um estreito caminho parecia flutuar sobre a paisagem. A reta estreita terminava em um ponto no horizonte. Tudo estava envolvido em uma luz entre dia e noite, somente o caminho brilhava. Caminhávamos calados, lado a lado, admirando o céu estrelado, que se estendia sobre nós como uma coberta. Pensávamos em nossos irmãos e irmãs que habitam estes pontos luminosos. Quando as estrelas começaram a sumir e a perder seu brilho pelo raiar do dia, pude ver os contornos de um edifício que se erguia em meio do nada. Somente quando nos aproximamos, pude constatar o seu verdadeiro tamanho. Uma cúpula transparente cobria completamente a área entre seus muros. Aguardamos uns instantes na frente do único portão, até que este se abriu automaticamente. Três funcionários da Enfermaria vieram ao nosso encontro.

"Já estávamos aguardando a chegada de vocês! Entrem!", disse a mais extrovertida das três mulheres. "Como foi a viagem?", perguntou, estendendo a mão para nos cumprimentar. "Meu nome é Sofia! E você certamente é Gunter. Sejam benvindos, irmãos!"

Ana e Maria foram apresentadas. As três abraçaram Mauricio e Antonio com tanto carinho, contagiando-me com sua alegria.

Entre os muros, sob a cúpula transparente, distribuíam-se os edifícios à direta e à esquerda da rua principal. Ao final desta e atrás de um outro muro, encontravam-se os alojamentos para os funcionários. Maria nos levou até lá, deu-nos a nossa senha, ou seja, a chave para a passagem de um lado para outro, e mostrou- nos nossas dependências – um pequeno quarto, somente com o necessário. Porém, como em todos os edifícios de Esperança, o terraço não podia faltar. De antemão sabia qual seria meu lugar predileto para relaxar.

Na manhã seguinte, fui levado para conhecer o lugar. Fui informado de que ele ainda pertence à região de Esperança, apesar da grande distância que o separa da Colônia. Primeiramente me foram mostrados os edifícios próximos ao alojamento, ao final da rua. À direita ficavam as mulheres e meninas, à esquerda, os homens e meninos, porém adultos e crianças separados. Nesta ala são tratados os desencarnados, que já se encontram estáveis e podem ser transferidos para a Ala do Despertar da Colônia. Eles ficam aqui até que ela tenha lugar para recebê-los. A viagem até lá é por eles superada sem problemas. Uma espécie de teleférico, exclusivo para transporte dos inconscientes[10], liga os dois lugares.

Nos edifícios do meio são tratados os desencarnados vindos dos postos de primeiros socorros, cujo estado é crítico e o tratamento intensivo. Diretamente na entrada da Enfermaria, encontram-se os postos de primeiros socorros.

O lugar de trabalho mais difícil são os postos de primeiros socorros, que exigem grande dedicação e experiência. Aqui atuam Mauricio e Antonio que, devido aos inúmeros estágios nesta área, conhecem bem o trabalho.

Fui colocado para trabalhar na última ala ou seja, com desencarnados já estáveis, que iriam ser transferidos para a Colônia. Esta ala era denominada de *A Última*. Maria, a coordenadora,

---

10 Inconscientes = desencarnados que ainda não despertaram, que ainda não tomaram consciência de que vivem espiritualmente

era também minha instrutora. Dela eu deveria aprender tudo para que o meu *auxílio ao próximo* fosse o melhor possível.

Com frequência ela repetia: "Partimos do mais fácil para chegar ao mais difícil. Como tudo em Esperança:"

Um grande número de camas se alinhava à direita e à esquerda de um corredor. Cada inconsciente tinha o seu enfermeiro particular e nunca era deixado sozinho. Caso o enfermeiro precisasse de uma pausa ou de se afastar, era substituído por outro. As dependências eram claras; a luz, agradável. Acompanhei Maria até a sua inconsciente. A pele da desencarnada tinha uma coloração azulada, olheiras profundas enmolduravam seus olhos, seu corpo rígido, em estado de convulsão. De tempo em tempo ela chorava, chamava um nome, se debatia. Seu sofrimento era visível. Maria foi para a cabeceira da cama, colocou as mãos sobre a cabeça da mulher até ela se acalmar. Neste momento, gotas de luz deixaram as palmas das mãos de Maria, se distribuíram pelo corpo da enferma, estourando como bolhas de sabão. Fiquei encantado como que diante de um milagre. Após o tratamento Maria me explicou, que mandara pensamentos e mensagens para acalmá-la, contando-lhe o que havia acontecido e onde estava.

"A maioria, encontra-se em um estado desolador quando chega aqui. Eles não sabem o que aconteceu; não sabem que deixaram a matéria e que agora vivem a vida espiritual; procuram o que conhecem, onde viveram e se agarram à última lembrança do corpo material.

Esta mulher é vítima de um crimi. O criminoso entrou pela porta da frente da casa, e ela, saindo pelos fundos, fugiu com o seu pequeno filho em um carro. Chovia fortemente. A lama da estrada não asfaltada estava mole e escorregadia. Sem poder frear, o carro escorregou pelo barranco abaixo, caindo no rio. Ambos, mãe e filho se afogaram. Ela procura e chama o filho e luta para sobreviver, pois tem a sensação de ainda estar

presa no carro. Mentalmente explico a ela que essa luta já passou; que seu filho está bem, e que ela não mais precisa se preocupar. Eu a encorajo a se libertar desta situação, a pensar, junto comigo, no Criador e de conscientizar de seu amor infinito. Quando ela ouve meus pensamentos e se acalma, caem as pérolas de luz sobre ela, iniciando o processo de cura.

Este é nosso trabalho: no *Auxílio ao Próximo* ajudar com amor e oferecer aquilo que está em nosso alcance – nossa compaixão, sem condenar e sem discriminar."

As explicações de Maria me impressionaram.

"Aqui na Enfermaria serei novamente confrontado com os meus medos" – pensei.

Tinha a certeza de que este era o início de uma nova etapa em meu processo de aprendizado.

E assim foi. Reconheci naqueles que precisam da minha ajuda, como nos sentimos e agimos quando somos controlados pelo medo.

Maria foi resolver uma questão e deixou um aprendiz inseguro como substituto. No fundo, eu rezava para que a enferma não entrasse em crise. Todavia, não temos a capacidade de influenciar ou adiar os desafios. Quando uma nova crise começou, agi de acordo com as explicações de Maria, sem refletir se estava agindo certo ou não. Após um tempo, a crise passou e eu consegui abrir novamente os olhos. Notei então que Maria estava ao lado, sussurrando em meu ouvido: "Deus te abençoe!"

A partir deste momento, ajudava onde podia, seguro e confiante, tendo a certeza que Deus é o meu guia! Assim, tornei-me o responsável pelo trabalho junto a esta enferma. Todos os que trabalham na Enfermaria são responsáveis por todas as atividades, desde a limpeza da ala até o acompanhamento do enfermo em sua transferência para a Colônia Esperança.

Desta ala passei para a *Ala do Centro* com inconscientes em estado ainda mais grave. Ana era a coordenadora. As camas também se alinhavam à direita e à esquerda, porém tinham uma espécie de grade. Os enfermos em tratamento eram muito mais irriquietos, queriam fugir, procuravam seus entes queridos, lamentavam; outros caiam em sono profundo; e ainda outros entravam em crise, que durava alguns dias. Carinho e dedicação eram, também para estes irmãos, o melhor remédio, no entanto, o tratamento exigia de nós rigidez e determinação, coisas que eu, até então, não havia presenciado em Esperança. Palavras carinhosas, encorajadoras não faziam efeito. Quando um enfermo entrava em crise, era por vezes necessário o uso das grades para evitar que ele fugisse da Enfermaria, num ato incontrolado. O livre arbítrio é incontestável, porém, cada um deve ter a chance de fazer sua escolha conscientemente. Durante a crise, dávamos a ele um remédio, e todos os auxiliares que estavam na ala se reuniam à sua volta, enviando pensamentos saudáveis até a crise passar. Nestas ocasiões, cada um de nós chegava ao limite de suas forças, tendo que interromper o trabalho para se refazer.

A.: É permitido a você contar um caso desta ala?

G.: Sim! Um jovem paciente trabalhava, quando encarnado, como mensageiro de drogas; naturalmente ele também as consumia. A droga era cultivada nas montanhas, protegida pela mata. Na verdade, trata-se de uma erva com grande efeito curativo, que alivia dores e sofrimentos na Terra, quando usada com para esse fim. As pessoas ainda irão descobrir que nenhum ser da natureza, nem animal, nem vegetal é venenoso ou daninho. Tudo aquilo que cresce e existe na Terra é para o benefício do ser humano. Todo veneno é, ao mesmo tempo, remédio, quando dosado corretamente. Voltemos ao nosso caso. Os camponeses recebiam mais dinheiro por ela, que pelo cultivo e venda de frutas e verduras. Assim sendo, ampliaram ainda mais a plantação. Este jovem buscava as folhas secas e as levava para cidade. Certo dia, ele foi seguido; seus perseguidores puseram fogo na plantação. A queimada não só destruiu as ervas, mas também a completa vila campestre, inclusive seus moradores.

Em seus últimos suspiros este jovem jurou vingança; e assim, cheio de ódio vingativo deixou o corpo material, desencarnando. Por muito tempo ele vagou à procura de seus adversários. Juntou-se aos camponeses desencarnados, que pensavam e agiam como ele próprio. Não sei como ele chegou aqui, na Enfermaria. Sei apenas que ele ficou muito tempo no Posto de Socorros, até poder ser transferido para a *Ala do Centro*. Seu estado era desolador, desfigurado pelas dores terríveis. Mas nós não deixamos ninguém sozinho.

A primeira ala da Enfermaria, logo na entrada, é o Posto de Primeiros Socorros. Se eu não tivesse sido preparado trabalhando nas duas alas anteriores, eu teria o desejo de fugir daqui. Porém, eu voltaria para a Colônia. Somente aqueles fortificados pela fé em Deus e em seu amor infindável, são capazes de exercer o *Auxílio ao Próximo* nesta ala. O tratamento energético que os enfermos aqui recebem, faz com eles relaxem e se prontifiquem a receber ajuda. Enquanto as pessoas – encarnadas ou desencanadas – não quiserem a nossa ajuda, não podemos interferir em seu livre arbítrio e portanto, não podemos ajudá-las. Para os protetores e mentores espirituais não é fácil ver alguém se afundar mais e mais em seus problemas, e não poder ser por nós socorrido. Ele precisa querer e aceitar nossa ajuda. Muitos clamam por auxílio, porém, quando o oferecemos, ele é rejeitado, pois as expectativas são outras – a ajuda que oferecemos não é aquela que eles esperam.

Refletindo sobre a minha vida na Terra, lembro-me de muitas pessoas infelizes à minha volta. Quantas vezes o sermão na igreja abordava justamente o tema pelo qual este ou aquele estava passando, mostrando a solução para os problemas. Por um instante as pessoas se conscientizavam e se propunham a colocá-la em prática, mas ao deixarem a casa de oração, não mais se lembravam de seus propósitos.

Desejo verdadeiramente que as pessoas que eu amo comecem a se modificar. Não faz sentido decorar os versos da bíblia, se o verdadeiro teor da mensagem não for reconhecido. Mesmo não sabendo qual a nossa missão, nossa tarefa nesta vida, podemos nos livrar das pedrinhas que temos dentro do sapato; das pedrinhas do ódio, do desgôsto, da inveja, do poder, da injustiça, da vantagem.

A Oficina de Artes

A.: Sinto que o trabalho na Enfermaria foi um grande desafio para você. O confronto com irmãos espirituais necessitando ajuda e recusando-a, a ponto de cometerem o maior erro em sua vida, que é abandonar a Colônia e voltar para junto daquilo ou daqueles que não puderam se desprender, deve ser, a princípio, difícil de aceitar.

G.: O trabalho na Enfermaria não era fácil. Somente pude cumprir minhas tarefas, por ter sido muito bem preparado. Inexperiência e instabilidade teriam impedido de realizá-las. Por podermos crescer conforme nosso ritmo, percebemos também nossa transformação. No início eu utilizava o espelho para poder ver a mudança. Desde há muito tempo ele não é mais necessário.

Por muito tempo trabalhei com prazer e com gosto na Enfermaria. No entanto, aceitava toda e qualquer oportunidade para acompanhar pacientes transferidos para a Colônia, a fim de passar algumas horas com meus amigos e me abastecer com amor incondicional, o ar deste lugar. E, mesmo assim, deixava com prazer a Colônia Esperança, para distribuir esperança em outro lugar.

Alí reconheci que, quanto mais depressa nós trabalharmos em nós mesmos, reconhencendo o que realmente somos – filhos de Deus – e naquilo em que nos transformamos, mais fácil se torna a passagem da vida material para a espiritual.

Hoje, consigo me entregar totalmente no auxílio a um irmão, sem esquecer de mim mesmo. Quando meu limite se aproxima, aprendi a interromper o trabalho e fazer uma pausa, a fim de me livrar das impressões e renovar minha energia. Fico muito agradecido por ter essa chance de espairecer e relaxar.

A Oficina de Artes é um lugar maravilhoso e o meu preferido para me abastecer de energia. O trabalho aqui realizado, tanto por instrutores quanto por aprendizes, me encanta. Aqui eu reconheci, que, muitas vezes, a arte é o caminho. O produto final, um quadro, uma estátua ou uma mensagem deixam de ser importantes. Na verdade, o que vale é a expressão dos pensamentos e não a forma ou o produto final; o que vale, é o caminho que escolhemos para expressar nossos segredos. Para isso, temos um outro campo importante na Oficina de Artes: a área de Comunicação, Inspiração e Transmissão, com fins terapeuticos.

Muitas das peças criadas aqui são transmitidas a outras esféras, inclusive à Terra.

Quando um artista está ligado a um irmão em outra esféra, devido à semelhança das vibrações e interesses, eles também estão ligados telepaticamente. Eles trocam pensamentos entre si consciente ou inconcientemente.

Assim, por exemplo, um quadro que foi criado em uma esféra espiritual pode ser recebido e reproduzido por um artista encarnado na Terra. Isto é o que chamamos de de inspiração. Este é um campo de grande importância nas terapias de cura em nossa esféra.

Após a morte, muitas pessoas entram num estado de choque, caindo numa espécie de rigidez ou imobilidade espiritual, permanecendo assim por algum tempo, reagindo devagar aos nossos tratamentos. Mesmo nós conhecendo a razão deste estado de choque, conhecendo sua dor e aceitando sua reação, não podemos tirar-lhes a responsabilidade de analisar a vida que passou, entendendo-a para modificar-se. O choque impede toda e qualquer comunicação conosco. Quando o estado crítico passa e elas encontram estabilidade, lhes oferecemos uma atividade manual ou artística. A escolha é delas. Assim, elas expressam o seu trauma ou aquilo que as fazem emudecer pela pintura, nas composições melodiosas ou pela escrita. Lentamente, a cortina que cobre o seu espírito é retirada.

Há os casos em que as pessoas permanecem presas na sua dor e no último acontecimento, como se estivessem debaixo de uma cúpula, não conseguindo receber a ajuda oferecida, por esta não chegar até elas. Estes desencarnados formam o mundo invisível na Terra e precisam dos encarnados como mediadores, ou se apegam àqueles com semelhantes vibrações e tendências.

Apesar de todos os seres humanos nascerem com a capacidade de interagir com o mundo espiritual por meio da comunicação, inspiração e recepção, ela é reprimida durante o tempo de vida na Terra, principalmente a recepção. Aqueles que se propõe a conservá-la e ampliá-la são tratados pelos outros como sendo pessoas especiais, com dons especiais. Engano, pois cada ser humano é mediador; é parte integrante de um mundo formado por espíritos encarnados e desencarnados, que se influenciam reciprocamente.

A princípio eu visitava a Oficina de Artes somente por se tratar de uma experiência nova para mim; com o tempo, tive a coragem de dar umas pinseladas e tocar um instrumento. Porém o que mais me impressionava era a escrita. Nela eu via a possibilidade de comunicar à minha família o meu arrependimento. Tomei a resolução de aprender a escrever e a transmitir, caso isso me fosse permitido. Porém, enquanto eu estivesse ativo auxiliando o próximo na Enfermaria, contentaria-me em ser observador e poder passar umas horas agradáveis na Colônia.

Num certo dia, observei como uma jovem pintava um quadro, totalmente concentrada em seus pensamentos. Ela estava tão fixada em seu mundo interior, que não percebia nada à sua volta. Quando o quadro ficou pronto, ela o levou à Área de Comunicação. Alí, sentou-se, colocou o quadro à sua frente encima de uma mesa, fechou os olhos e aguardou. De repente percebi que ambos – quadro e artista – estava ligados entre si por raios coloridos, que se moviam para cima e para baixo como pequenas luzes dentro de um tubinho transparente. Essa experiência me impressionou muito. À noite, quando encontrei Antonio, que alí trabalhava, contei-lhe o que havia observado.

"Esse processo é maravilhoso!", confirmou ele. "Ele acontece quando uma transmissão é feita para um receptor – um encarnado – consciente.

102

Nossa jovem artista trabalha em sua dor pintando quadros e os transmitindo-os a um encarnado, ao qual esteve muito ligada durante a sua vida na Terra. Para que a transmissão seja um sucesso, eles combinam uma hora para entrar em contato.

Isto foi o que você observou. Na Terra, o receptor pinta o mesmo quadro. Assim como você precisou do espelho para constatar a sua própria modificação, esta jovem utiliza este meio. Um quadro é diferente do outro e conta parte de sua história, da qual ela quer se libertar."

"E o que o receptor tem a ver com a história dela?" perguntei curioso.

Antonio colocou os braços sobre meus ombros e disse:

"O que você observou é um processo natural de troca de informações entre os dois mundos, o espiritual e o material. Esta troca favorece ambos os lados. O receptor, por sua escolha consciente, recebe não somente aquilo que lhe é transmitido, mas também energia espiritual, estas luzinhas que você viu, que são para ele energia curativa.

Através de um único processo, tem-se cura e progresso em dois espíritos que se encontram em diferentes aspectos de vida – material e espiritual. Em casos em que o receptor não tem consciência de estar recebendo uma transmissão do mundo espiritual, ele também recebe menos energia curativa, uma vez que uma parte desta não consegue ultrapassar as barreiras por ele mesmo colocadas. Em casos em que ele não tenha consciência, porém percebe sua intuição, ele receberá a transmissão, mas dirá que ela surgiu de seus próprios pensamentos. O receptor consciente conhece a diferença entre pensamentos próprios e as mensagens e transmissões recebidas do mundo espiritual; entre idéias próprias e inspiração .

Apesar da importância desta troca consciente de informações no progresso da humanidade, cada pequena percepção é um passo para o desenvolvimento, desde que as energias provenham da Luz e têm como objetivo bondade e amor."

Após essa experiência, a Oficina de Artes tornou-se minha segunda moradia. Nas horas em que eu não trabalhava na Enfermeria, podia ser encontrado aqui, principalmente, na área de redação. Me fascinava observar como as pessoas do meu mundo escreviam pequenos poemas e mensagens e as enviavam para os seus familiares ou para encarnados com mediunidade desenvolvida, e como os raios de agradecimento iluminavam o ambiente, principalmente quando vinham da Terra.

Entendi que o ser humano absorve mais ou menos as influências à sua volta, de acordo com o seu temperamento e estado de alma. Se eu tivesse sabido disto enquanto encarnado, teria sido mais cauteloso com meus pensamentos.

Sempre que eu sentia raiva, deixava-me arrastar pelos meus pensamentos tão para baixo, que a menor irritação era motivo para grandes desentendimentos. A influência do mundo invisível à nossa volta é muito maior, do que aquilo que podemos imaginar. Por vezes, uma pequena pedra no sapato é motivo para ataques de raiva, que, principalmente, são despejados em cima das pessoas mais próximas, sendo a solução mais simples se livrar da pedra que incomoda. Porém, somos mais propícios a reagir às mensagens que jogam mais lenha na fogueira, do que ouvir aquelas que nos recomendam eliminar a pedra. Tudo depende da nossa prontidão para ouvir as mensagens positivas ou as negativas. Agora reconheço onde agi incorretamente. Neste ponto, minha fé, o temor ao castigo Deus e minha reputação como cristão não me ajudaram muito. Tratava-se de uma visão truncada que hoje lentamente e sob a luz do amor tento destruncar e redescobrir. Se eu tivesse sido informado sobre a influência do mundo invisível sobre nós, teria a possibilidade de escolher entre aceitá-la ou repudiá-la.

A.: Infelizmente muitas pessoas repudiam a idéia disso ser possível. E quantas vezes elas adocecem, se sentem mal, entram em desequilíbrio por não reconhecerem as influências do mundo invisível em que elas estão inseridas.

G.: Por isso, para mim é uma experiência inesquecível reconhecer que a troca de Luz e Amor entre os mundos não só é possível, como também é curativa em todos os níveis de vida. Um pequeno pensamento de carinho, de agradecimento ou simplesmente uma pequena lembrança pode salvar um espírito.

Auxílio ao Próximo

G.: O trabalho na Enfermaria foi um bom preparo para a tarefa seguinte, que estava para chegar. A vida deste lado se dá segundo a lei: "Ame seu próximo como a si mesmo". Entender esta lei com todos os nossos sentidos é um processo longo. O ambiente carinhoso em que estou inserido torna tudo mais fácil. Ao invés de ar respiramos amor; um amor que na Terra não há palavras para descrevê-lo e que nenhum encarnado consegue sequer imaginar. Aquele que não se reconhece como sendo uma semente do amor divino, não é capaz de entender a organização, o princípio e a força que une e dá vida ao universo. Somente através do acompanhamento dedicado e das experiências feitas, fui capaz de entender quem sou, perdoar-me e aceitar-me, sendo esta última a mais difícil. Quando hoje olho para trás e vejo os obstáculos que superei, sinto-me satisfeito com o resultado, pois aqui me tornei um homem que consegue amar e que sente o amor no ponto mais profundo de seu ser. É fácil oferecer aquilo que se tem em abundância.

Um certo dia todos os moradores de Esperança foram chamados para se juntarem no grande parque, na frente do edifício da Administração. Isto causou aos Novos, assim como eu, uma sensação de desconforto. Acompanhantes, professores, mestres acalmavam os seus protegidos, e informavam que um apêlo como este, só se dá quando uma grande tarefa se aproxima.

O Comitê Administrativo surgiu na sacada do prédio. Os cinco membros refletiam tanta luz e amor, como na Terra se imagina que só os anjos são capazes. Nenhum deles tinha auréola em torno da cabeça, nem asas e mesmo assim eram, de alguma forma, angelicais. Um cenário maravilhoso!

"Queridos irmãos, eu os saúdo!", disse o prefeito. "Voltemos nossos pensamentos à Benevolência Divina e ao amor que nos une, agradecendo à Deus por esta dádiva."

Depois de uma pequena pausa para a oração de agradecimento ele esclareceu:

"Tempos difíceis estão para se derramar sobre a região terrestre a que pertence a Colônia. Massivas forças mantém a Terra sob forte pressão até conseguirem se libertar. Elas provocam as

108

chamadas catástrofes da natureza e com isso a morte de muitas pessoas. Devemos nos preparar para um caso destes. Todas as atividades sociais estão canceladas a partir de agora. Os coordenadores e professores começarão a organizar nossa ação para a calamidade que está por vir. Preparemo-nos com prudência e fé para o *Auxílio ao Próximo*."

Sem perda de tempo começamos a preparar os postos para os primeiros socorros. As salas do Centro de Estudos, da Biblioteca, das Oficinas, o Teatro foram transformadas em alojamentos, assim também os parques e jardins. A Ala do Despertar e o Domicílio receberam um andar adicional. Sem dúvida, de repente estes edifícios térreos, tornaram-se prédios de dois andares. Voluntários formavam grupos e procuravam um coordenador que pudesse orientá-los. Em pouco tempo a Colônia se transformou em um enorme Posto de Socorros. Os trabalhadores da Ala do Despertar e do Domicílio assumiram um maior número de pacientes, para que outros trabalhadores pudessem se concentrar na nova ação de *Auxílio ao Próximo*.

No dia seguinte recebemos a notícia, que Esperança mandaria cem ajudantes para a região da catástrofe. Voluntários deveriam se inscrever, a fim de serem preparados.

A princípio não sabia se deveria me inscrever. O trabalho dentro da área protegida da Colônia me fazia bem; sentia-me protegido e seguro. O único tempo que passei longe dela foi quando trabalhei na Enfermaria, que já exigiu de mim muita força. Meio inseguro, procurei meus amigos Mauricio e Antonio, que, como coordenadores de grupos em ações como esta, tinham grande experiência.

"Inscreva-se", me aconselhou Mauricio, "e, se você não se sentir capaz, pode voltar a trabalhar dentro da Colônia. A área onde atuamos não é importante, pois toda ajuda é benvinda."

Os preparativos eram feitos no Teatro. A sala fora completamente ocupada por centenas de Esperancianos. Os cinco membros do Comitê Administrativo sentaram-se a uma mesa no palco.

"Estamos felizes por ver que muitos irmãos e irmãs querem tomar parte nesta ação fora de nossa Colônia", falou a irmã Superior. "Não podemos enviar todos para a região da catástrofe, mas todos serão preparados da mesma forma, pois o auxílio que daremos será abrangente e incalculável.

As forças acumuladas serão libertadas na forma de um terremoto na região sulamericana. As Colônias sobre o Oceano Pacífico estão preparando as mesmas medidas que nós, e também poderão receber os desencarnados. Estas medidas são necessárias, pois não sabemos o número exato de pessoas que morrerão nesta catástrofe, uma vez que, muitos mudaram sua senda, o caminho escolhido para sua vida na Terra, devido à liberdade de escolha de cada um. Mostraremos agora algumas imagens que nos foram transmitidas pelas esféras superiores, a fim e prepararmo-nos para o que está por acontecer."

A sala foi escurecida; acenderam-se lâmpadas de cor violeta nos corredores; na parede de fundo do palco, atrás dos Membros do Comitê formou-se uma grande tela. Em poucos segundos apareceram as imagens.

A energia acumuada no interior da Terra é liberada por uma grande explosão, provocando que camadas das placas marinhas e continentais sejam empurradas umas sobre as outras. Isto acontece na costa ocidental da América so Sul, em muitos metros de profundidade. Os edifícios na superfície desmoronam como casas feitas com cartas de baralho. Sem aviso prévio, os destroços caem sobre as pessoas, ferindo-as, soterrando-as . Somente depois de um tempo, torna-se possível reconhecer o montante da destruição.

A imagem ficou por um tempo congelada na tela, até as luzes se acenderem novamente.

"Queridos irmãos e irmãs. Este é o nosso próximo desafio. Partam imediatamente, pois não nos resta muito tempo."

Os responsáveis por esta ação foram apresentados. Eles formaram dez grupos com dez ajudantes cada um. Cinco grupos partiram imediamente para a região da catástrofe; os cinco grupos restantes foram distribuídos pelos postos de socorro das cercanias. Eu me juntei a um grupo que seguia para o local do terremoto.

Quanto mais nos aproximávamos da região em questão, mais intensamente sentia as vibrações. Em minha cabeça surgiu de repente a imagem da caldeira de pressão inchando cada vez mais, no meio do oceano. A explosão não tardava. O coordenador do nosso grupo gritou: "Atenção! Vai começar!", e neste exato momento rodopiávamos pelo ar devido à grande onda de vibrações. Tive a impressão de ter sido rasgado em pedacinhos. Quando o susto passou, olhei para ver se eu estava inteiro e se tudo estava no lugar. Estava! – somente então pude constatar, que os membros do grupo superaram bem a forte onda provocada pela pressão. Ainda tontos, nos segurando pelas mãos trêmulas, mergulhamos no mundo material.

Lá estávamos! – uma fileira de espíritos de mãos dadas no horizonte, na beira dos destroços.

Feridos e não feridos gritavam, corriam de um lado para outro, ajudando como podiam. O lamento alto e cheio de sofrimento das sirenes chegando, doía nos ouvidos. Devagar seguimos em direção à massa em pânico. Alguns feridos aguardavam ajuda, porém os enfermeiros que vinham ao encontro deles, não os viam e atravessavam por eles como se não existissem. Eles sangravam, tinham membros decepados ou quebrados e clamavam por ajuda. Justamente para aqueles que não recebiam atenção – os invisíveis – é que viemos oferecer ajuda.

Nosso trabalho era semelhante aos dos enfermeiros e médicos no local. Acalmávamos, cuidávamos dos ferimentos e assim que era possível, levávamos os *sobreviventes* para os postos de socorro das redondezas. Quando deixávamos um grupo de desencarnados sob os cuidados especiais dos mais experiêntes, partíamos em busca do seguinte. Alguns de nós acalmavam os soterrados desencarnados, que se debatiam em busca de ar e não eram capazes de sair dali, porque se sentiam presos ao corpo material. Eles não nos viam nem nos ouviam; permaneciam dias e semanas presos alí, até serem capazes de aceitar nossa ajuda.

Desencarnados corriam de um lado para outro à procura de entes queridos, não podendo encontrá-los nem entre os vivos, nem no meio dos destroços. Estes irmãos tínhamos que convencer, de que seus entes queridos estávam sendo tratados nos postos de socorro e que esperávam por eles.

Ao término do trabalho desgastante, foi-nos permitido descansar um pouco. Os grupos de auxílio dos postos de socorro trocaram o campo de atuação conosco e vieram para a região da catástrofe. Concentrando-nos no trabalho de auxílio que se seguia, tentávamos esquecer as imagens horríveis da superfície terrestre. E assim que os desencarnados se acalmavam e relaxavam, eram levados para as Colônias.

Na primeira vez que retornei à Esperança acompanhando um grupo de enfermos reconheci o quanto havíamos preparando e organizando para esta situação. Não somente os desencarnados eram tratados aqui: pela primeira vez encontrei desencarnados por tempo determinado[11] – pacientes em coma. Para uns, basta uma curta permanência no mundo espiritual para se refazerem, outros precisam de uma permanência mais longa, de acordo com o grau do ferimento. E, para estes estágios mais ou menos curtos, também tivemos que estar preparados.

---

11 Desencarnados por tempo determinado = encarnados na Terra que se encontram em estado de coma.

Nos casos de coma, a alma se regenera no mundo espiritual, a fim de que as dores e o sofrimento do corpo material não sejam totalmente absorvidos por ela. Experiências que não a auxiliam em seu progresso, muitas vezes não precisam ser arquivadas. Enquanto que o corpo se encontra numa espécie de sono, a alma está totalmente desperta. Fora da matéria restritiva e sem a interferência constante da razão, ela pode se desenvolver livremente. Uma prova disso se dá quando um paciente que estava em coma reinicia a vida de forma totalmente diferente.

Para os desencarnados com curta permanência foram montados pavilhões nos parques de Esperança. Irmãos e irmãs de Colônias vizinhas menores ajudavam-nos, nestes casos, com os primeiros socorros e no trabalho de conscientização destes espíritos, para reconhecerecem e aceitarem o motivo desta situação.

Como em um filme, eles podiam ver como seu corpo material estava sendo tratado.

Porém, tudo se complicava quando um destes espíritos desencarnados por tempo determinado, não mais queria sair de Esperança e voltar ao seu corpo material, o que posso entender totalmente. Quem viveu no paraíso, não quer deixá-lo livremente. Estes espíritos recebiam tratamento especial e podiam ficar até reconhecer o grande valor desta experiência para eles próprios e para seus famialiares.

Não sei quanto tempo fiquei parado na frente do pavilhão, absorto em meus pensamentos, absorvendo as impressões e o aconchego deste lugar. Porém, meu trabalho na Terra não terminara. Muitas almas ainda precisavam de nossa ajuda. Uma última vez respirei fundo, inalando conscientemente o ar repleto de carinho e esperança deste lugar, antes de seguir em direção ao Portão-do-Sul, onde os ajudantes se encontravam para retornarem à superfície terrestre.

Ainda por algumas vezes passei por este Portão-do-Sul – o portão da incerteza – como ele é chamado. Não fui capaz de calcular, seguer imaginar a violência da explosão na costa ocidental da América do Sul e suas consequências para a Terra. Nós, moradores de Esperança ainda somos muito inexperientes para isso. O trabalho em conjunto na superfície terrestre nos uniu intensamente. Em casos como este, muitas almas deixam o corpo material, desencarnando; em contrapartida, o mesmo número de espíritos encarnam, assumindo uma nova vida na matéria. Este é círculo viscioso da vida.

A.: Este relato me comove e me faz reconhecer como somos egoístas e mesquinhos; como nos apegamos a experiências desagrádaveis e curtimos revolta, às vezes , durante toda a vida; como gritamos por justiça, visando somente o bem-estar pessoal.

G.: Toda e qualquer experiência, independentemente se no corpo material ou não, deixa suas marcas. Feridas maiores ou menores que exigem nossa atenção e tratamento, até tornarem-se insignificantes e se reduzirem a pequenas marcas como as da varicela, ou catapora . A enfermidade foi superada, a dor esquecida, somente a pequena cicatriz nos faz lembrar dela. O espírito nada esquece. Ele aprende a dar o valor correto para suas experiências. Mesmo nós, que fizemos um bom trabalho durante o tempo na superfície terrestre, precisamos aprender a transformar as imagens impressionantes desta experiência, em pequenas cicatrizes sobre nosso corpo espiritual.

Curso II

G.: Mauricio, Antonio e eu estávamos felizes por estarmos juntos novamente. O ambiente, os amigos, a Colônia em si nos enchia de paz e aconchego. A mim talvez mais que aos outros. O nosso grupo de auxílio se encontrava regularmente, a fim de trocarmos idéias e trabalharmos nas nossas experiências. O tempo livre me fazia muito bem; eu relaxa ouvindo palestras e outras atividades do gênero, porém, o que mais apreciava eram as noites na varanda, embaixo da pérgola de flores. Dali podia observar as estrelas cintilantes e enviar pensamentos construtivos aos meus irmãos e irmãs, que lá fora, bem distante talvez estivessem, neste exato momento, vendo-me sentado na minha varanda. Talvez eles também estivessem sentados em sua varanda, embaixo de uma pérgola de flores, mandando pensamentos construtivos para nós... Parecia que cada estrela queria cintilar mais que as outras, a fim de chamar minha atenção. Assim, enviava meu amor a todas elas.

Após alguns dias de "férias" todos os cem ajudantes que estiveram a serviço na superfície terrestre, foram convidados à se reunirem no teatro. Ansiosos, imaginávamos uma porção de coisas, inclusive se estávamos novamente à margem de um novo desafio.

O Comitê Administrativo agradeceu nossa ação no *Auxílio ao Próximo*, assegurando que ninguém está sozinho, abandonado em sua dor, nem na superfície terrestre, nem na esféra espiritual da vida.

"Os Novos, que atuaram pela primeira vez numa ação como esta, terão um tratamento especial, um acompanhamento intensivo em um novo curso", informou o Prefeito.

Assim foi que ingressei no segundo curso. Este era realizado num edifício especial no Centro de Estudos. A sala era arredondada; a superfície de projeção panorâmica se extendia por aproximadamente cento e oitenta graus e formava um semi-círculo em volta das vinte poltronas. Muitos rostos conhecidos entraram na sala, entre outros, um homem e uma mulher que, de vez em quando, vi durante o serviço de auxílio na superfície terrestre. Pela túnica alvíssima pude reconhecer que estes não pertenciam aos Novos.

Sofia e Urbano – conhecido por Doc – se apresentaram e explicaram o Curso II. Sofia iniciou a introdução com um a pergunta:

"Alguém pode explicar o que aconteceu na superfície terrestre?"

A ressonância foi grande, porém Miguel foi convidado a responder à pergunta feita.

"Um terremoto na costa ocidental da América Sul causou grandes danos, centenas de pessoas perderam a vida", respondeu ele.

"Isto é correto!", respondeu Sofia com um sorriso. "Mas, o que vimos foi o resultado de diversos fatores atuando em conjunto. Estes fatores e suas consequências serão o tema principal de nosso estudo. Para todos vocês, foi a primeira ação deste tipo na superfície terrestre. A primeira de um incontável número que virá a seguir. Por isso, desejamos que todos tomem parte ativamente, sem receios. Nós somos um time. A pequena diferença entre nós é que Doc já participou de milhares de ações deste tipo e reconheceu a importância do trabalho de acompanhamento que se segue. Por isso estamos aqui, para conversar sobre essa experiência, descobrir coisas novas sobre nós mesmos e sobre a humanidade. Não é mesmo, Doc?"

Sofia era um ser de grande beleza, alta, esbelta, com uma cascata de cabelos loiros. Sua pele era alva, quase transparente, de maneira que pouca diferença havia entre túnica e corpo. O som melodioso de sua voz era relaxante e nos envolvia num calor aconchegante. Ela era a onda suave e Doc a rocha. Assim, eles se completavam em tudo.

Doc esclareceu que esse apelido foi-lhe dado pelos estudantes. Atualmente, somente um pequeno número de morados conhecem seu verdadeiro nome. No início ele se rebelou contra o apelido, porém, também ele teve que aprender a aceitar – mesmo sendo um nome que ele não escolhera.

"Na Terra o nome de uma criança, normalmente, é escolhido pelos pais. No mundo espiritual, todos têm a oportunidade de escolher seu próprio nome, de acordo com suas qualidades ou talentos. Hm...nem todos", disse ele sorrindo. „Meus irmãos e irmãs viram em mim outras características mais adequadas. Desta forma passei de Urbano – que significa: aquele que vive na cidade – para ser Doc e..."

Sofia interrompeu com gesto.

"Doc é assim chamado por ser sábio. Sábio e humilde. Não há tema sobre o qual ele não poderia conversar conosco durante horas. Vocês podem perguntá-lo a cerca de tudo e receberão sempre uma resposta. "

O ambiente descontraído despertou em nós uma sensação de bem-estar. Assim teve início o Curso II.

Cenas da região da catástrofe foram projetadas na tela e discutidas; porém, devo acrescentar que as imagens na tela surgiam por transmissão de pensamento. O que me surpreendeu e impressionou foi ver, desta nova perspectiva, o estado confuso dos desencarnados.

Durante a ação na Terra, não pude me concentrar nos detalhes do acontecimento. Todos os ajudantes agiam, funcionavam sem parar para pensar. Em uma situção de calamidade, como esta, o mais importante é agir. O patamar entre vida e morte é tão pequeno, que a maioria daqueles que o ultrapassam somente percebem a mudança depois de algum tempo. Principalmente se a passagem se deu por uma situação inesperada. A princípio, o desencarnado não percebe a diferença entre vida material e espiritual. Ele age e pensa como uma pessoa em seu corpo físico, como ele era. Somente, quando desesperado ele percebe que ninguém o ouve, que os enfermeiros passam por ele ou sobre ele ignorando-o para dar socorro a outros, ele também percebe que houve uma transformação, que ele ainda não compreende. Me emocionei ao ver na tela o desespero e a aflição, principalmente dos casos em que os desencarnados não aceitavam a nossa ajuda por não reconhecer-nos. Eles não nos viam, nem nos ouviam. Fomos obrigados a interferir nesta situação e, por curto tempo, burlar a lei do livre arbítrio. Nós é que decidíamos o que era melhor naquele momento; dávamos a eles uma espécie de anestesia e os levávamos ao um posto de socorro, onde recebiam tratamento adequado.

Agora entendi que o livre arbítrio intangível e inviolável, pode ser desconsiderado em situações extremas.

Para nosso melhor entendimento foram mostradas imagens dos postos de socorro, instituídos para essa ação. Ficamos chocados. Presenciamos cenas de irmãos e irmãs desencarnados que, após serem medicados, decidiam voltar ao lugar da catástrofe, pois queriam procurar seus entes queridos ou ficar ao lado deles. Ainda não prontos para o desprendimento, agarravam-se à vida corporal recém passada. Eles partiam preocupados com seus filhos, com seus companheiros, por medo pelos bens materiais; eles partiam por ódio e por desespero e por medo, mas também, por não acreditar a existência de uma vida após a morte do corpo. Muitos pensavam que os ajudantes espirituais eram pessoas *normais*, que pediam para que ficassem na Luz, com a intenção de enganá-los, prendê-los, impedí-los de realizar seus propósitos. Todos aqueles que queriam deixar o posto de socorro, puderam ir.

Ficamos mudos diante dessas imagens; somente o sunido baixíssimo da oração flutuava no ar.

"Lembrem-se que vocês ou alguns de vocês também tinha essa convicção", disse Doc. "A vida após a morte ainda não é uma verdade absoluta na Terra, mesmo ela tendo sido divuldaga há mais de dois mil anos. Será que os ensinamentos de Jesus chegaram muito cedo à humanidade? Será que a humanidade ainda não estava preparada para a verdade? Será que a humanidade está hoje preparada para ela?", perguntou-nos Doc, sem esperar por uma resposta.

No Curso II aprendemos a lidar com diferentes situações na passagem de uma vida para outra e fizemos algumas viagens à superfície terrestre.

Todo habitante de Esperança é um ajudante. Porém, devido ao processo de aprendizado de cada um, nem todos são escolhidos para fazerem o mesmo trabalho. A meta de nosso aprendizado é transformar em ação aquilo que reconhecemos e que entendemos. O desafio é então viver uma nova vida na Terra segundo aquilo que já reconhemos. Esta e somente esta é a nossa tarefa quando assumimos uma nova encarnação.

Visto de cima, o mundo é bem diferente. A visão ampla nos mostra verdades, que antes nem sequer imaginávamos. Somente do alto, por exemplo em um balão, reconhecemos que existe muita coisa além daquilo que conhecemos, daquilo que existe diante de nossos olhos.

E mesmo assim, podemos aprender com as experiências dos outros. Por que passar por entre os espinheiros, se podemos imaginar que eles vão nos ferir? Outros já fizeram essa experiência dolorosa antes de nós...

Na primeira viagem de estudos em companhia de Doc, retornamos à região da catástrofre. Os destroços haviam sido parcialmente eliminados e superficialmente tudo voltou ao seu normal, depois de tantos meses. As pessoas viviam sua vida – quase como anteriormente, uma vez que não estavam livres das influências dos desencarnados que se mantinham ali, dos *renitentes* e *retornados*[12]. Viagens deste tipo são feitas regularmente, pois a necessidade é grande.

Nossa viagem atual tinha o objetivo de convencer alguns retornados e renitentes, a nos acompanharem em direção à Luz. Nos enfileiramos no horizonte e cada um de nós escolheu um campo de ação. Alguns escolheram conversar com um grupo de dessencarnados.; outros preferiram se dedicar somente a um. Como eu não pude me decidir de imediato, vaguei pelas ruas. De repente, escutei um choro baixinho sufocado pelo barulho da cidade. Concentrado, segui o lamento que me guiava como uma bússola. Parei diante de uma casa destruída. O telhado implodira, deixando um emaranhado de caibros grossos no chão. Os destroços formaram uma pequena caverna, da qual vinha o lamento. A mulher soterrada que ali chorava, segurava seu filho nos braços, tentando fazê-lo dormir. A criança também chorava baixinho. Concentrei-me a fim de poder ultrapassar a matéria e no instante seguinte estava dentro do buraco, ao lado da mulher.

"Querida irmã", disse eu, "venho para ajudá-los a sairem deste buraco."

---

12 Renitentes e Retornados = Desencarnados que não quizeram ir para as Colônias ou fugiram delas após serem tratados nos postos de socorro.

Estendi a mão, mas a mulher não reagiu.

"Venha comigo."

A mulher não me escutava e continuava a lamentar:

"Meu bebê, ai... meu bebê."

Coloquei as mãos sobre sua cabeça, sem tocá-la, e pedi aos meus Irmãos Maiores – Espíritos Superiores – para me enviarem palavras de conforto e de auxílio a esta mulher.

"Minha boa senhora", tentei novamente, "você quer permanecer nesta escuridão, quando lá fora brilha a luz salvadora? O seu filho também não consegue dormir enquanto ele sente o seu desespero. Me acompanhe para fora. Aceite meu auxílio. Você precisa relaxar, chegou a hora para você e seu filho caírem no sono reparador."

Ela me estendeu a mão e disse:

"Mas nós não podemos sair daqui. Estamos presos, fomos soterrados."

"Se eu entrei, nós podemos sair. Basta confiar em mim. Feche os olhos e relaxe", respondi e peguei sua mão.

Segundos depois estávamos livres. Lá fora, entreguei a mulher e a criancinha aos irmãos espirituais que estávam à nossa espera e agradeci a todos que me ajudaram neste momento difícil.

Doc veio ao meu encontro dizendo:" Muito bem!" e me abraçou.

„ É justamente disso que preciso agora, obrigado!" sussurrei. "Este foi o maior presente que recebi... mesmo se tratando de uma experiência difícil, triste e interessante ao mesmo tempo."

"Mãe e filho se seguravam reciprocamente um no outro", esclareceu Doc. "Ela não podia se desprender do filho, e, por medo, o filho não se desprendia dela. Ambos entraram numa grande dependência mútua, que tinha o efeito de um imã. Resignados, eles se entregaram à sua dor e não conseguiam perceber mais nada. Agora eles têm a chance de se curar e crescer. Porém, se eles decidissem ficar, você não poderia fazer nada. "

"Mas, isso seria terrível!" respondi irritado. "Eu tentaria obrigá-los a virem comigo..."

"Mesmo assim, você não conseguiria convecê-los. Lembre-se dos retornados. Nós não podemos segurá-los na Luz contra a própria vontade."

Mais uma vez, encontrava-me em uma situação, onde pude transformar reconhecimento e aprendizado em ação. Estas são nossas provações. Este caso acabou sendo bem sucedido. Muitos outros, após este, fracassaram. Eu não fracassei, mas sim as tentativas de auxílio. Para estes desencarnados, o tempo certo para seguirem a Luz ainda não tinha chegado. Eles não conseguiam se desprender de suas emoções, de seu ódio, de suas preocupações, de seus medos e de tudo aquilo que acorrenta os seres humanos no mundo material.

Em uma viagem de estudos a um hospital, a minha experiência foi bem diferente. Ali encontrei, pela primeira vez, uma porção de irmãos e irmãs espirituais que cuidavam dos enfermos ainda encarnados. A medicação que recebiam eram orações tranquilizantes, transmitindo confiança aos pacientes, como apoio ao passo mais importante das pessoas na Terra – o passo para a vida na Luz. Eles alí ficavam, dia e noite, dizendo palavras de conforto, ajudando os doentes a se lembrarem dos momentos mais importantes de suas vidas, a perdoar e se desvencilhar. Nada neste mundo material é tão importante para nos prender aqui.

Este preparo é, muitas vezes, demorado, porém necessário para permitir que a pessoa se reconcilie, faça as pazes consigo mesmo e com os outros. Nesta fase mostramos como é importante deixar tudo atrás de si e confiar na benção divina do Criador.

No quarto ao lado observei a conversa de um desencarnado com um irmão espiritual:

"Como é possível que eu esteja aqui, em pé, ao seu lado, e ao mesmo tempo deitado na cama?"

"Isto acontece quando o espírito deixa o corpo. Você é um espírito que acabou de se libertar do corpo material. O corpo sem vida continua deitado na cama; porém você está cheio de vida ao meu lado, conversando comigo. Neste momento você acaba de reconhcer que a vida não termina com a morte. "

Fiz muitas viagens deste tipo com o grupo. Viagens visando a transferência de um mundo para outro são sempre realizadas em grupo, sob o comando de um irmão espiritual experiente. Por um lado, era uma oportunidade de ampliar nossos conhecimentos e passar por experiências importantes para o nosso progresso; por outro, era uma oportunidade indescritível de realizar nosso trabalho de *auxílio ao próximo*.

Certo dia, Doc pediu que eu fosse visitá-lo.

"Deve se tratar de algo incomum", pensei e parti para procurá-lo no Centro de Estudos.

Doc veio ao meu encontro, colocou o braço sobre meus ombros, dirigiu-se à poltron e disse sério:

"Sente-se!"

Sem dizer uma palavra, ele ligou o aparelho de transmissão e sentou-se à minha frente no canto da mesa.

"Desde há muito que não o vejo assim tão sério e de poucas palavras. O que se passao, Doc?", perguntei ansioso.

Na tela apareceu minha família terrestre cheia de dor e desespero.

Doc olhou sério para mim e disse:

"A sua filha – a penúltima – irá deixar a Terra. O momento exato depende do tempo que ela precisa para se desprender da sua vida material."

A minha primeira preocupação foi mais com a reação do seu meio, da sua família, do que com ela mesma.

Como se Doc tivesse lido meus pensamentos, ele continuou:

"Ela somente quer partir, quando tiver a certeza de que o marido e os filhos aceitam esta sua última viagem."

"Mas, o que ela tem? O que a fará desencarnar?"

"Ela tem uma tumos no cérebro."

Pedaços de lembranças e pensamentos piscavam na minha cabeça como vagalumes em uma noite escura. Mesmo eu sabendo mais que ela sobre a vida, esta notícia me abalou. Eu sabia que a pressão de fora faria com que a pressão na sua cabeça aumentasse, tornando o tempo que restava ainda mais difícil. A sua família dependia de sua força e alegria de viver.

"O que posso fazer por ela, Doc, por favor, diga-me como posso ajudá-la. Posso ir vê-la?"

Não, não me foi permitido viajar em seu auxílio, como tantas vezes viajei para auxiliar outros irmãos e irmãs.

Doc explicou que meu corpo emocional ainda se encontrava muito sensível; uma experiência deste porte poderia fazer com eu retrocedesse na minha evolução e não iria ajudar minha filha em nada. Minha estabilidade emocional poderia se prejudicar com a proximidade de minha família terrestre.

Ele me deu seu aparelho de transmissão e disse:

"Leve-o. Através dele você poderá estar com sua família uma vez por dia e ver como ela está reagindo. Permanecendo aqui, a tua ajuda é maior. A distância faz com que você também se distancie emocionalmente, assim sendo, você poderá julgar mais facilmente o que a sua filha mais precisa. Ela é muito ligada a você. As tuas vibraçoes positivas serão recebidas por ela. "

Em diferentes dias, em horários diferentes, eu ligava o aparelho para ver minha família. Porém, o foco principal se encontrava em minha filha, pois agora ela precisava de mim mais do que nunca. Para ela era bom ainda poder viajar entre os dois continentes, entre o Japão, onde morava e o Brasil, onde moravam os irmãos e a mãe. Quando suas forças se esvaíam, ela procurava reabastecê-las junto da mãe. Alí era seu lar, alí ela se sentia confortada.

Para ela eu orava, sussurrava-lhe palavras de coragem, contava sobre a minha vida posterior e sobre a maravilhosa Colônia Esperança. Como foi bom termos tempo para nos prepararmos.

Mesmo tendo passado por várias operações e internações hospitalares, ela era consciente de seu estado e muito, muito corajosa. Assim, nós nos ajudávamos mutuamente. Sua coragem e força me acalmava; era uma prova de que ela recebia e aceitava a minha dedicação.

Minha filha desencarnou em setembro de 2012 e foi acolhida carinhosamente em uma Colônia na área asiática da Terra. Ela ainda vive lá, mas eu sei que ela, conforme seu próprio desejo, será transferida para uma Colônia na região brasileira, assim que ela estiver suficientemente estável.

Mais uma experiência inesquecível na minha vida infindável.

Será que vamos nos encontrar? Certamente, algum dia.

A Recompensa

A.: Entendo que a vida em sua esféra espiritual é cheia de surpresas, de experiências comoventes, de altos e baixos muito parecidos com a Terra. O que difere é a calma e a sensatez baseados na fé.

G.: A tranquilidade também voltou a reinar em Esperança. Os últimos tempos – não sei dizer se foram meses ou anos – foram dos mais fatigantes em meu desenvolvimento. O progresso é como uma mola propulssora que, primeiramente nos pressiona para baixo, nos processos de aprendizado. Ela nos pressiona para a confrontação com nós mesmos, com nosso passado, com nossa ignorância e com tudo aquilo que reprimimos, para então nos impelir para o alto. Sou muito grato por esse tempo, pois, desde que estou aqui mudei mais, do que toda a minha na Terra. Eu aprecio esta tranquilidade. A vida continua sem agitação, sem fadiga. Continuo trabalhando na Marcenaria e lá, onde precisam de mim.

Outro dia, estava no parque com meus amigos mais íntimos observando as estrelas, quando a atenção deles se voltou para a minha túnica.

"Olha como ela brilha!"

Realmente as cores eram mais claras, mais suaves, mais brilhantes. Não pude conter minha alegria com essa descoberta. Estava satisfeito comigo e com tudo aquilo, que faz parte da minha vida. Só faltava a realização de um desejo – eu queria aprender a escrever e a transmitir. Desde a primeira vez que estive na Oficina de Artes e vi como era bonito e importante o trabalho lá realizado, esse meu desejo não diminui, pelo contrário, aumentou. Mergulhado nestes pensamentos me deliguei mentalmente do grupo, até que Mauricio – meu melhor amigo – me fez retornar à realidade:

"Oi! Aonde você estava? Posso te acompanhar nessa viagem?", disse ele sorrindo, chegando mais perto.

Expliquei que minha viagem nos levaria somente até a Oficina de Artes e contei o meu desejo de escrever.

"Mas, você não precisa mais da escrita como terapia!", comentou admirado. "Ou algo se passou, sem eu perceber?"

"Não", respondi meio acanhado, "como terapia não. Eu gostaria de transmitir à minha família as experiências que fiz deste lado da vida, com o intuito de tirar-lhes o medo e acabar com a interpretação errada sobre a morte, provocados por ensinamentos falsos. Gostiaria de dizer-lhes como é maravilhoso, em noites como a de hoje, estar sentado no parque com amigos, conversando sobre Deus e o Mundo, enviando pensamentos carinhosos a nossos familiares universais. Gostaria de transmitir-lhe que Deus – a força criadora de tudo – nunca nos abandona; e, principalmente, que não existe punição. A melhor maneira de dizer-lhes isto, é relatando minha própria experiência.

Mauricio explicou que transmissões desse tipo não são permitidas a todos os habitantes do mundo espiritual. A fim de aliviar a dor dos familiares, a maioria gostaria de transmitir mensagens. Muitos podem transmitir mensagens curtas ou enviá-las por meio de um acompanhante ou protetor. Porém, a maior parte das pessoas na Terra não são aptas para recebê-las, pois elas duvidam da própria capacidade. Seria bem melhor para elas e para o desencarnado, se elas se despedissem dele como sendo para uma viagem, com a certeza de que irão se encontrar novamente.

"Exatamente sobre isso gostaria de escrever, Mauricio! Sobre nossas conversas, sobre as experiências que passamos juntos. Entende?"

Mauricio colocou seu braço sobre meu ombro e olhou-me cheio de compreensão.

Respirei fundo e voltei minha atenção para a estrela azul que cintilava tanto, como que se tivesse feito uma aposta com as outras.

Alguns dias depois recebi a notícia para me apresentar na Oficina de Artes.

"Este Mauricio!", pensei, cheio de alegria e agradecimento.

Agitado e curioso fui à Oficina no dia e hora marcados, vindo a conhecer Manu.

Manu é uma figura interessante. Em sua túnica alvíssima e brilhante ela se movimenta como uma fada; no entanto, quando a conhecemos um pouco mais, percebemos que ela tem um jeito bem masculino. Realmente ela é uma mistura dos dois. Para mim, a sua feminilidade está mais em foco, por isso, refiro-me a *ela*; para outros, o lado masculino encontra-se mais presente, e assim, referem-se a ela como sendo *ele*. Tem-se que acostumar... Porém, Manu lida com essa diferença excepcionalmente bem.

"Então, você que aprender a arte de transmitir, certo?", perguntou de uma maneira, que me deixou meio encabulado.

"Sim!", disse baixinho me perguntando, se fora realmente uma boa idéia ter vindo até aqui.

"Ah, mas isso não me convence!", respondeu ela num tom enérgico.

Neste momento tinha certeza de que fora um erro, não só ter vindo aqui, como sequer ter pensado em querer transmitir. Eu não estava suficientemente preparado para isto; tinha medo.

"Se você perde a coragem diante da primeira dificuldade, então não vai dar certo; você não vai conseguir aprender a escrever e muito menos a transmitir", disse-me ela com a suavidade de uma irmã mais velha, acrescentando: "E menos ainda, vai dar certo conosco, pois serei sua professora."

Neste momento queria fugir – fugir para a companhia de meus amigos cheios de compreensão, onde me sinto seguro e cheio de confiança. Porém, estava como que colado, amarrado naquela cadeira, diante daquela mulher estranha. No entanto, ela me fez umas perguntas e eu lhe contei o meu propósito. No decorrer da conversa, ela se transformou; ou será que eu ou minha forma de encará-la se transformaram? Ela não era assim tão assustadora como pensei, pelo contrário, suave, porém direta, sem rodeios.

Novamente havia sido confrontado com meus medos. Mesmo achando que tinha superado este obstáculo pude constatar que ainda existia uma pitada de insegurança em mim, causada por medos. No momento em que isto reconheci, percebi que a minha segurança aumentar. Por fim, a conversa foi construtiva e coroada de êxito.

Manu mostrou e explicou as técnicas de transmissão de imagens e mensagens. Visitamos as salas de transmissão e observamos os artistas enquanto trabalhavam. São muitas as possibilidades. A transmissão feita da esféra espiritual para a material é sempre consciente, ou seja, há uma razão porque o irmão ou irmã espiritual transmite uma imagem ou mensagem ou música a um receptor na Terra; normalmente isto se dá por questões terapeuticas ou esclarecedoras. Pelo contrário, a recepção pode ser consciente ou inconsciente. Inconsciente ela é feita, normalmente, por pessoas que se ocupam com a arte de pintar, de escrever ou de compor música,por serem altamente intuitivos.

Os receptores conscientes, são aqueles que reconhecem e aceitam o lado espiritual da vida e o intercâmbio entre os dois mundos, colocando-se conscientemente à disposição deles como mediador, como elo de ligação.

De vez em quando, Manu ligava o aparelho de transmissão para me mostrar as diferentes formas de recepção. Por exemplo, deste lado da vida uma jovem mulher pintava um quadro – uma paisagem em um lindo dia ensolarado – lembrança que tinha de uma de suas vidas na Terra. No monitor do aparelho de transmissão víamos um pintor na Terra fixando sua tela em branco, no aguardo de uma inspiração. Ele refletia, folhava algumas revistas, colocava-as de volta na pilha de revistas. Voltou sua atenção para a tela, fechou os olhos, esfregou o rosto com as mãos. De repente escolheu as cores, as distribui sobre a paleta e começou a pintar. Traço por traço pintou o quadro que estava sendo pintado do nosso lado.

"Aqui temos o exemplo de uma recepção inconsciente. O pintor é inspirado por nossa irmã para pintar sua lembrança, pois ele mesmo não conhece esta paisagem", explicou Manu. "No exemplo a seguir vou mostrar uma recepção consciente. Mas, para isso, temos que ir até a a sala dos escritores."

Ali chegando vimos imãos e irmãs com textos nas mãos. Alguns se concentravam em suas vibrações; outros liam o texto; já outros transmitiam seus pensamentos.

Manu perguntou a um dos irmãos que estava vestindo uma túnica alvíssima, se poderíamos ficar alí, junto dele, enquanto transmitia. Com sua autorização, ligamos o aparelho de transmissão, para podermos ver o tramissor e o receptor ao mesmo tempo.

No monitor apareceu uma mulher dormindo.

"É madrugada na Terra", disse Manu, "a melhor hora para a nossa irmã receber a mensagem do irmão aqui ao nosso lado, pois ela não é influenciada pela mente. Observe o que acontece."

O irmão ao nosso lado chamou baixinho: "Irmã, sou eu; eu gostaria de dizer-lhe algo.Você pode anotar?"

A mulher que dormia ficou agitada, virando-se de um lado para o outro na cama. Sonolenta e sem ter todos os sentidos despertos, levantou-se, pegou papel e lápis, sentou-se à mesa e começou a escrever. Terminada a transmissão, voltou para a cama e continuou a dormir.

"Este é um exemplo de uma transmissão inconsciente, certo?", perguntei.

"Não, esta foi uma transmissão consciente", esclareceu Manu, acrescentando:

"Os dois parceiros assumiram o compromisso, de que a transmissão ocorresse desta forma. Livre de influências externas, a mulher pode receber claramente as palavras do emissor e anotá-las. "

"Mas por que ela não pode anotar a mensagem pela manhã, quando acordará naturalmente?"

"Porque ela teme esquecer parte da mensagem, ou então, estando sob a influência da mente, teme anotá-la conforme sua própria interpretação, o que não seria correto. Aqui vemos um caso de auto-desconfiança. Esta irmã ainda não consegue diferenciar entre pensamentos próprios e *alheios*, em estado de vigilância, ou seja, quando está acordada. Quanto mais forte for o laço entre ela e seu professor e irmão espiritual, mais facilmente ela aprende a diferenciar. Aprendendo, ela mesma decidirá sobre a hora apropriada para receber a transmissão."

Estas experiências vividas na Ofina de Artes eram a meta que eu queria atingir. Porém, primeiramente precisava aprender a redigir meus pensamentos, organizá-los, de forma a não parecerem saltitantes e incoenrentes, e sim fluentes, para que alguém na Terra pudesse me entender. A velocidade da comunicação no mundo espiritual é bem maior, que a no mundo material. Ela é uma combinação entre palavras e imagens. Principalmente objetos são transmitidos em forma de imagem. Por exemplo, quando eu quero dizer: "coloque o copo sobre a mesa", aparece na mente do meu irmão espiritual uma imagem, que representa isso. Assim, sentenças curtas são transmitidas rapidamente e sem a possibilidade de interpretação errada. Consequentemente eu tive que reaprender a usar a palavra como forma de expressão. Por isso, treinava a toda hora e em qualquer lugar.

A segunda barreira a ser transposta era testar todos os membros da minha família terrena quanto à disposição para receber minhas mensagens. A minha vontade de aprender era tão grande, que, partindo deste ponto, tinha certeza de que meu desejo iria se concretizar, porém não pensei na vontade e na disposição dos outros. Na busca do receptor adequado, não encontrei ninguém na minha família. Eles recebiam minhas mensagens, porém não tinham a confiança necessária em si mesmos para acreditarem que eu as transmitia. A recepção ocorria mais facilmente enquanto o corpo descansava e a alma estava livre das influências da mente. Nestes momentos, podíamos até conversar, e isso me dava muita alegria. Porém, quando a noite passava, tudo se reduzia a um sonho bonito e não se pensava mais no acontecimento. Fiquei realmente frustrado com o resultado dos testes, no entanto, continuei a exercitar.

"Se nenhum membro da minha própria família é adequado, então com certeza, encontrarei alguém do grupo religioso ao qual pertencia", pensei cheio de esperança. Mas, o tempo passava e não se encontrava ninguém que recebesse os meus pensamentos e os reconhecesse como sendo meus e não os seus próprios.

Certo dia, Manu chegou com olhos reluzentes e um largo sorriso no rosto.

"Encontrei alguém!", disse, cheia de alegria. "É sua sobrinha na Alemanha!", acrescentou dançando em volta de mim.

Naquele momento, sua informação não me dizia nada e muito menos a sua alegria. Não estava entendendo nada.

Manu explicou que aguçou os seus sentidos e descobriu que minha sobrinha A. se tornou uma mulher com um bom entendimento e conhecimento sobre o mundo espiritual. Desse seu progresso faz parte a comunicação consciente com o outro lado da vida, no qual ela está sendo intensivamente preparada.

"Não faça essa cara! Pensei que você se alegraria pelo menos tanto como eu", disse-me ela meio irritada. "Ela ainda tem que aprender, mas eu confio nos meus Irmãos e Irmãs Maiores, que se ocupam com o ensinamento. Precisamos ter um pouco de paciência. Você aprende e treina aqui, e ela lá; e logo poderemos juntar vocês dois."

Não conseguia entender a alegria de Manu, uma vez que meu propósito se tornou bem mais difícil do que pensávamos. Ele se mostrava completamente diferente do que havia sido planejado, e eu nem mais sabia se queria continuar. Na minha imaginação, tudo era bem mais fácil. Pensei que podia anotar meus pensamentos, descrever o mundo onde vivo e sussurá-los no ouvido de meus entes queridos. Assim, os presentearia com uma pequena noção do mundo espiritual onde vivo. Na realidade queria somente dizer-lhes que vivo uma vida agitada depois de morto, e que não me encontro entediado, vagando numa nuvem, ou então, sendo assado no fogo do inferno.

Desmotivado, sentia-me encurralado pelos acontecimentos, e ao meu lado, uma Manu altamente entusiasmada, encorajando-me a não desistir.

"Ah, está sendo muito complicado", disse eu desiludido.

"Não está sendo complicado, não senhor!", respondeu irritada. "Trata-se apenas um desafio organizatório. Para que estamos aqui, senão para aceitarmos os desafios?", perguntou sem realmente esperar uma resposta. Somente olhei para ela e balancei minha cabeça como gesto de rejeição, porém Manu continuou perseverante.

Neste dia, saí da Ofina de Artes cheio de dúvidas, mas admirado com as voltas que a vida dá, em todas as esféras – material e espiritual.

"Se eu não tivesse tido a vontade de escrever, nunca iria me encontrar com A.", pensei. "E também não, se em minha família tivesse encontrado um receptor para minhas mensagens."

Mais uma vez, o puzzle da vida me surpreendeu com uma outra pecinha. Lentamente comecei a perceber o significado do Plano Divino.

Nós, seres humanos, quando fomos criados espiritualmente, agimos como os passarinhos: ao nascer explodimos para todos os lados a casca do ovo que nos deu a vida. Portanto, nossa tarefa durante as vidas que vivemos é a de juntar todo e qualquer pedacinho desta casca. Cada pedacinho encontrado nos devolve uma parte de nossa individualidade divina, e no final, atingiremos a perfeição. Em busca dos pedacinhos de nossa individualidade, traçamos nosso caminho em direção à Luz Divina e atingiremos nossa meta quando encontrarmos todos eles e conseguirmos formar um todo.

Entendi claramente como o mundo espiritual e o material dependem um do outro. Sem a disponibilidade das pessoas no corpo material, as pessoas no corpo espiritual não podem se comunicar com o mundo. As duas eféras necessitam desse intercâmbio para acelerar o progresso em ambas. Um receptor sem emissor é tão ineficiente quanto um emissor sem receptor.

Manu me encorajou e me convenceu a aceitar esta minha dependência de A., uma vez que ela significava libertação para ambos os lados. Assim sendo, eu treinava para formular meus pensamentos da maneira mais clara possível e a transformar imagens em palavras, enquanto que na Terra A. estava sendo preparada para a recepção consciente de imagens, para no futuro, poder receber textos.

Neste intercâmbio entre os dois mundo, a maior dificuldade encontra-se no receptor, pricipalmente na diferenciação entre os próprios pensamentos e os alheios. Somente a orientação de esféras espirituais mais elevadas e o treino intensivo proporciona um resultado abençoado nos dois mundos.

Uma vez que o receptor, como um rádio, pode captar ondas de difentes comprimentos – inclusive aquelas de desencarnados em sua proximidade – é importante diferenciá-las, para sua autoproteção. Mais cauteloso ainda ele deve ser quando se tratar de previsões, informações sobre o futuro ou concretamente sobre a reencarnação de um espírito, indicando lugar, data e hora. Deste tipo de informações o receptor deve ser afastar e pedir a intervenção e proteção dos irmãos espirituais mais elevados.

Sempre que Manu falava sobre a seriedade de um projeto como este meu, ela se transformava de tal maneira, que eu tinha a impressão, que seus olhos podiam enxergar o que acontecia no fundo do meu ser.

"Isto que aqui fazemos", falou seriamente, deixando de lado toda a sua leveza, "não é uma brincadeirinha como *mover copos, puxar correntes ou assombra*r. Isto são brincadeiras feitas por desencarnados que não encontraram a Luz, para chamar atenção. Estes espíritos precisam de nossa ajuda, precisam entender que só a Luz os libertará e que seu lugar não é mais na Terra. Eles também precisam da ajuda dos encarnados na Terra, pois uma curta, porém fervoroza oração pode, definitivamente, fazer milagres."

Manu explicou que nem todos os habitantes da esféra espiritual em que vivo recebem autorização para enviar informações abrangentes ao mundo material. Cada um pode mandar mensagens curtas aos seus entes queridos, com fins curativos ou para o seu desenvolvimento, mas somente poucos são autorizados a enviarem mensagens abrangentes com finalidade esclarecedora.

Esta explicação me fez sentir muito bem.

"Manu", disse eu, "eu não fui uma boa pessoa na Terra. Não fui da pior espécie, mas fui injusto e agressivo; eu agredi pessoas com palavras, com rejeição, às vezes também com os punhos. Eu fui um colérico; tudo, menos aquele que chamamos de bom vizinho. E mesmo assim fui trazido para a Luz, aqui recebi tratamento e cuidados, fui integrado e envolvido com amor. E ainda, como recompensa, recebo este presente de poder contar minha estória. No entanto, o Plano Divino me leva a uma pessoa, a quem fui muito injusto. Como será que ela reagirá quando souber do nosso, ou melhor, do meu propósito?"

Manu olhou para mim sem dizer nada, como se tivesse esperado esse meu depoimento já há algum tempo, dando-me oportunidade para reflir.

"Estamos trabalhando nisso!", respondeu. "Concentre-se naquilo que é mais importante. Forças maiores estão se ocupando com o resto."

Tempos depois Manu me contou sobre a sua resitência A. Você ainda se sentia muito presa ao passado que nos liga e temia não ser suficientemente imparcial e neutra. Assim, a sua primeira reação foi a de rejeitar o projeto.

"Esta é uma reação normal! Porém, não podemos subestimar as influências de Forças Maiores", disse Manu cheia de humor, irradiando toda a sua beleza. "Nos custou um pouco de trabalho preparatório, mas, finalmente ela concordou em ser parte deste projeto."

Quando Manu me deu esta notícia, não pude conter as lágrimas. Ansioso e alegre aguardava a liberação de Manu e pensava como iria reagir ao ouvir as palavras: "Podemos começar!"

No dia vinte e sete de julho, dia em que completaria setenta e sete anos na Terra, chegou o momento tão esperado. Nós dois, você e eu, sentados frente à frente em algum lugar entre o Céu e a Terra. A expressão de ambos era uma estranha sensação de prudência e alegria; tínhamos no interior a certeza – tudo ficará bem!

Hoje nos encontramos pela última vez para este projeto. Não, sem melancolia ou tristeza, muito pelo contrário. Nos despedimos com a alegria de duas pessoas que fizeram uma viagem juntos, tornaram-se amigos e aprenderam muito um do outro. Você, pelas minhas descrições, e eu pelo seu grande coração.

Uma simples mensagem que queria enviar à minha família, na qual manifesto, principalmente, meu arrependimento profundo, pedindo compreensão e perdão para os meus erros, procurando tirar-lhes o medo da morte e tentando transmitir-lhes a beleza deste mundo onde vivo, tornou-se uma narrativa de muitas páginas. Agradeço pela autorização recebida para sua realização; sou muito grato aos meus mentores, professores, acompanhantes e tutores deste meu lado da vida e finalmente agradeço a você A. por este bom trabalho que realizamos em conjunto. Pode ser que nos encontraremos em breve novamente, caso isto faça parte do nosso Plano Divino e esteja conforme com o nosso livre arbítrio.

Porém, o mais importante acontecimento desta viagem foi aprender e reconhecer que o perdão é coisa do coração e não da razão... independentemente em que lado da vida nós nos encontramos.

Sugestões para Reflexão

Arrependimento e sentimento de culpa são empregados como sendo a mesma coisa, no entanto são completamente diferentes - pág. 55

Quando não somos capazes de ver a luz, mesmo estando mergulhados nela, pensamos estar vagando nas sombras - pág. 60

Querer aprender mais, do que se é capaz de assimilar, significa uma barreira para o desenvolvimento - pág. 34

Sem mudaças caminhamos de cá para lá, indo e voltando na mesma trilha. Sem mudanças não há progresso - pág. 27

Só podemos entender o verdadeiro significado do que é liberdade, quando reconhecemos e nos confrotamos com os nossos medos - pág 43

Talvez eu receba uma oportunidade para agir diferentemente, não com base em complexos de culpa, mas sim, com base no progresso pelo reconhecimento dos erros - pág. 41

Notas esclarecedoras

A

Acompanhante = todo e qualquer espírito morador da Colônia, que exerce uma função de auxílio aos irmãos em progresso - pág. 39

Ala do Despertar = Posto ou enfermaria para onde são levados os recém desencarnados - pág. 7

Alma = espírito encarnado - pág. 12

D

Desencarnados por tempo determinado = encarnados na Terra que se encontram em em estado de coma - pág. 77

Despertado = espírito desencarnado que passou pelo Despertar e que vive conscientemente na Colônia - pág. 58

E

Espírito alheio = um Espírito alheio, que não faz parte do grupo em dependência; da família espiritual - pág. 47